DES
TROIS POUR CENT.

DERNIERS APERÇUS.

Noli me tangere.

PARIS,
ADRIEN EGRON, IMPRIMEUR-LIBRAIRE,
RUE DES NOYERS, N° 37.
PONTHIEU, LIBRAIRE, AU PALAIS-ROYAL.
1825.

On trouve chez les mêmes libraires :

Discussion sur les Rentes, 1824.
Discussion sur le Sel Gemme, 1825.
Du Projet d'Indemnite, etc. 1825.
Premier, deuxième et troisième Aperçus sur les Trois pour Cent, 1825.

DES

TROIS POUR CENT.

En 1824, le ministre parvient à glisser cette phrase dans le discours émané du trône : « Des mesures sont prises pour assurer le remboursement des rentes sur l'Etat ou obtenir leur conversion au taux actuel des autres transactions : » n'hésitant nullement à résoudre ainsi la question légale du remboursement, à reconnaître ainsi la baisse de l'intérêt à 4 pour 0/0, et ne craignant point d'exposer les paroles royales à se voir contredites et infirmées par l'arrêt définitif des Chambres.

Puis il entretient la Chambre des Députés d'une réduction de 28 millions sur les impôts, et du reflux des capitaux vers les provinces; la Chambre des Pairs, de l'élévation progressive du crédit et de l'accroissement de la richesse publique ; l'une et l'autre Chambres, de l'espérance de fermer les dernières plaies de la révolution.

On connaît le vote négatif qui réfuta ses dires, réprima ses actes, rejeta au plus loin ses projets et ses vœux.

En 1825, le ministre revient à la charge; et, mieux avisé cette fois, se borne à solliciter, comme au nom des rentiers, une loi qui leur accorde la *faculté* de requérir des trois et des quatre et demi, qui les *admet*, suivant les termes de l'ordonnance, à *obtenir* l'échange immédiat de leurs titres contre de nouveaux titres.

Les pouvoirs adoptent et renvoient l'affaire au tribunal de l'opinion, pour être jugé au fond. L'instruction commence alors; les réquisitoires et les plaidoiries se succèdent : trois et un font-ils quatre, ou font-ils cinq? C'est ainsi que la question est posée. Et songez que la cour plénière n'est composée que de personnes intéressées : le ministre aura trop compté sur la vertu humaine.

L'opinion ne se laisse ni tromper, ni intimider. Un premier échec a enlevé toute influence : la fièvre, abattue par des saignées copieuses, s'est changée en un état de langueur. Quant à la peur, il lui faut, pour triompher, saisir à l'improviste, surprendre l'imagination : son coup d'essai doit être le coup de grâce.

C'est un nouveau revers; et cela compte enfin,

ou du moins cela comptera : vienne le temps seulement.

Mais nous ne sommes qu'au 6 août, et nous lisons dans le rapport des commissaires,

1°. Que la conversion monte à 30 millions 700 mille francs, en seize mille quatre cents parties ;

2°. Que les trois mois ont produit 18 millions, et les deux derniers jours, 12 millions ;

3°. Que 6,700 parties ont fourni seize cent mille livres de rentes, en certificats d'emprunt.

Et les porteurs de certificats, au moyen terme de 250 livres de rentes, ne devant pas être compris au nombre des rentiers convertis, ceux-ci se trouvent réduits au-dessous de dix mille.

Or, il y avait sur le grand-livre deux cent mille parties prenantes ; il y aura sur le livre des trois pour 0/0, dix mille parties, sur le livre des cinq pour 0/0, cent quatre-vingt-dix mille parties : lequel des deux restera le grand-livre ?

La nation des rentiers se montre à l'unisson de la nation des contribuables ; dans l'une et dans l'autre, le vingtième bien juste marche de compagnie avec le ministre, et, pour achever le parallèle, parmi le vingtième de celle-ci, les neuf dixièmes sont gagnés ou soldés, de même que parmi le vingtième de celle-là, les neuf dixièmes ont été séduits ou contraints.

D'où il suit que l'ascendant personnel du ministre, exercé par l'action de son génie et sous les limites de la vérité, n'entraîne, n'emporte, n'enlève, soit dans la sphère bursale, soit dans la sphère politique, que le dixième du vingtième des sujets de notre bien-aimé souverain. Ne voilà-t-il pas un homme bien fort, un homme bien habile et bien heureux?

On voit qu'il ne se soutient qu'à l'aide de son petit commerce. Laissez-le faire, laissez aller; en fait d'industrie, c'est l'axiôme capital : le marché doit être libre; toute denrée à vendre est à acheter. La loi a aboli la vénalité des charges, mais non pas celle des consciences. Rome fut, dit-on, sur le point de se vendre; chaque jour, en Afrique, en Turquie, il se vend des humains, en chair et en os : Paris seroit-il donc privilégié, et l'honneur est-il plus précieux que l'existenee même.

Le siècle marche. Tout circule, tout se nivelle : les consciences, effets de même sorte que les trois pour cent, sont presque en totalité mobiles et flottantes, se vendent au comptant, à terme, peut-être à prime; et, sous peu, il paraît qu'on doit les reporter à demi pour cent, les escompter au besoin, les liquider fin du mois, toutefois tant que ne manqueront pas les écus.

Il faut bien que je vive : on ne peut donner une

raison plus valable, attendu que la réponse à faire serait trop rude. Passons vite.

Mais au moins n'y avait-il pas moyen de se sustenter amplement avec la pièce de bœuf des cinq pour cent, sans prendre la peine d'élever à grands frais, en sa place, le fragile plateau des trois pour cent? Ici, c'est du caprice pur; la nécessité ne parlait pas.

Or, comment avez-vous acquis ou conquis trente millions de conversions? Une portion s'est opérée par ordre : le patient avait l'option entre deux genres de torture, ou de perdre sa place ou de risquer sa fortune. Cette fois, la conscience n'était pas en jeu. Il est peu à plaindre; vous êtes peu à blâmer.

Songez seulement que le *compelle intrare* n'enfante en religion que des fourbes, en politique que des traîtres. Déjà la bonne ou mauvaise compagnie qui forme votre cour, ne laisse pas que de jeter un coup d'œil furtif de droite et de gauche, jalouse qu'elle est de se retourner à propos en cas d'événement; et chaque franc de baisse sur les trois tend puissamment à convertir les désirs en espoirs, les espoirs en efforts, les efforts en succès. Vous l'apprendrez trop tard.

L'autre portion des conversions ne s'est effectuée qu'à l'aide des menaces, des promesses, des manœuvres. « Les vieux cinq seront remboursés, c'est immanquable ; les jeunes trois monteront à 80 et 85, c'est immanquable. » Et ce qui était plus immanquable encore, des centaines de millions ont soutenu l'effet des vains discours.

Tout gît dans l'exhaussement des trois. Devez-vous y réussir? Le triomphe n'absout pas; la question intentionnelle reste à juger.

Mais la réussite est impossible. Les 30 millions convertis n'entrent dans les trois que pour en sortir; les 30 millions de l'indemnité, relégués dans les trois, aspirent à s'en échapper. En déduisant les achats de l'amortissement, il faut un milliard pour rembourser les détenteurs, au cours de 75; il faut un milliard qui vienne de l'étranger et n'y retourne jamais, car nul régnicole ne se laissera inscrire en leur lieu que pour réaliser, à quelques francs de bénéfice, à quelques jours de délai. Il y a donc déception dans les espérances suscitées.

Les cinq constituaient le signe d'échange, remplissaient l'office du numéraire, de la monnaie, au marché où venait s'offrir la denrée des trois; et comme le cours vénal de la denrée n'avait point encore été coté, comme sa vente devait se conclure à prix fixe, il a fallu déprécier le signe, avilir le titre de la monnaie, au moins en imagination. C'est ce qui a été fait au moyen de la menace du remboursement.

De plus, il a été jugé convenable, afin de pouvoir négocier la denrée à 25 pour 0/0 au-dessus du prix réel, d'exagérer sa valeur future, et de garantir en paroles, une hausse excédante de 10 à 15 pour 0/0. C'est ce qui a été fait au moyen du titre simulé des trois pour cent; puis, à l'aide de tant de sornettes débitées sur la baisse de l'intérêt, sur l'exubérance des capitaux, sur les rapports du crédit de la France et de l'Angleterre.

En trompant les rentiers sur le prix du signe d'échange, il y a eu fraude; en trompant les rentiers sur la valeur de la denrée mise en vente, il y a eu dol.

Et quant aux manœuvres, quel qu'en fût le motif, quel qu'en soit le résultat, la criminalité saute aux yeux, pour se servir des expressions du *Moniteur* (20 juillet).

Le projet qui accordait une faculté n'était qu'innocent; les mesures qui en ont forcé l'exercice sont coupables.

Justice sera-t-elle faite? Qu'on y songe bien: car autrement la route est ouverte à tous les délits et à tous les désastres; la fraude et le dol passeront en usage, en loi, en devoir peut-être. Que n'a-t-on pas vu déjà?

Le sort, souvent moins aventureux que le caprice, a sauvé le ministre. A tout risque, à tout prix, il tentait l'impossible, et l'impossible n'a pas cédé à la vanité de ses efforts : sans la force d'inertie des choses, qui seule préserve encore l'ordre social contre la frénésie de l'homme, le ministre perdoit l'équilibre ; le pied lui glissait sur le parquet tremblant de la Bourse.

Supposons que la conversion se fût élevée à 100 millions, et analysons les divers principes d'action qui y auraient coopéré.

L'appât de la hausse avait décidé les spéculateurs, les détenteurs de la dette flottante. Ils entraient dans les trois à 75, se croyant certains que le cours allait monter à 77, 78, à 80 et plus : aucun d'eux ne voulait vendre au pair ; et les uns possédaient des capitaux, les autres trouvaient des reports. Pendant trois et six mois, jusqu'à l'ouverture des Chambres, ils attendaient l'apparition du projet n° 3, lequel devait faire merveille.

La crainte du remboursement avait entraîné les rentiers, les propriétaires de la dette classée. Ces gens-là ne tiennent qu'au revenu, n'entendent ni à hausse ni à baisse, n'aliènent jamais : la vente des trois à 75 ne leur produisait pas davantage que le paiement des cinq à 100; et des prix élevés les repoussaient au lieu de les séduire, attendu que le remboursement, devenu plus menaçant, empêchait d'acquérir des cinq, ou d'espérer d'autres placemens.

Les premiers tenaient à un prix haut, les seconds ne lâchaient à aucun prix. Ainsi, au-dedans de la Bourse, il n'existait point de mobile de baisse ; et on doit observer que du dehors, il peut survenir un mouvement en hausse qui ne requière que des fonds pour acheter, mais non pas un mouvement en baisse qui ne s'opère qu'au moyen des rentes à vendre.

Or, il faut du jeu, en quelque sens que ce soit. Le jeu se jetait, se précipitait dans la seule voie qui lui fût ouverte, dans cette voie dont la borne avait été posée au plus loin, par le titre légal de l'effet nouveau. Et le jeu était excité, exalté, tant par les banquiers de l'emprunt, que par les possesseurs de la dette flottante, les uns et les autres également empressés de réaliser avec bénéfice; il était soutenu et supporté par la facilité des reports, lesquels abondent sur la place, tant que le cours est ascendant.

La masse des trois pour cent, énorme et compacte, obéissait à la loi commune qui régit la matière et les esprits; c'est en proportion de l'intensité des masses, que l'effervescence et la fermentation, d'abord plus lentes à y pénétrer, se fixent à demeure, se propagent à l'abri, ne cessant leurs ravages qu'après avoir atteint au terme final de la dissolution.

Il y avait une hausse infernale, puis une baisse successive, progressive : les capitaux s'évaporaient, le crédit s'évanouissait; toute dette était exigée, nulle échéance n'était ajournée. Et la ruine du royaume, la perte du ministre se compensaient mal: car il suffit d'un instant, d'un hasard, pour nous délivrer de lui, à jamais.

Mais est-il donc heureux ? Sa parole se fatigue; les plumes gagées s'agitent; tout est en mouvement pour assurer le triomphe des projets. Et voilà que cette parole, que ces plumes rebelles comme par instinct, à la volonté qui les souffle, travaillent dans un sens contraire : nul ne peut assez admirer avec quel art elles ont honni et baffoué la cause qu'elles semblaient défendre; et s'il était un prix à décerner, les souteneurs du système devraient l'obtenir, plutôt que ses adversaires mêmes. D'une part on a parlé très-bien, de l'autre on a répondu très-mal : pour l'effet, il n'y a nulle comparaison.

Le ministre est sauvé malgré lui : on croirait

qu'il va demeurer en paix : mais Marius ne se mit à philosopher que sur les ruines de Carthage. L'honneur le tourmente ; et quelque pointe d'humeur vient l'éveiller, le chatouiller, sur le lit de repos du 6 août.

En vain le proverbe lui crie que pour réussir, il ne faut ni honneur, ni humeur : le caractère l'emporte sur la leçon. C'est un besoin que de faire, et défaire et refaire : le présent n'est plus qu'un point d'appui prêté à l'homme, pour s'élancer au vague de l'avenir : laissons là l'éphémère fantôme de la réalité ; l'idéal seul nous présente un but, une fin. Tel est l'esprit de ce siècle si vanté ; rien n'en rend mieux l'image que la fable de Pélias, mis en pièces et jeté dans la chaudière, d'où il doit ressusciter et renaître brillant de jeunesse.

Cependant l'œuvre devient de plus en plus difficile. Les Chambres sont dégoûtées par des essais malheureux, par des échecs humilians. Il se peut que quelque scrupule pénètre au secret des consciences législatives ; au moins il s'y développe des regrets, si ce n'est du repentir, des doutes, si ce n'est de la défiance, des craintes, si ce n'est de l'épouvante. On sera contraint de se dissimuler aux regards scrutateurs, de se faire si petit, qu'il y ait à peine moyen de vous saisir, de vous reconnaître.

De la première à la seconde tentative, le ministre s'était déjà étrangement limité. D'abord il se portait fort d'emprunter 3 milliards, de rembourser 3 milliards, de confectionner toute la matière brute des cinq, sous les brillantes formes des trois. Un an après, ce n'est plus rien de tout cela; ce n'est plus qu'une option à proposer, qu'une faculté à concéder, qu'une admission à accorder : et nul n'est du nombre des élus, qu'autant qu'il lui plaît de s'élire lui-même, si bien que l'Elysée reste désert.

Maintenant le ministre voudra moins, et voudra plus, moins en effectif, et plus en apparent. En son âme et conscience, la cause est perdue; il n'en appelle que pour la forme. Voici le texte de sa loi :

« 1°. Le ministre des finances est autorisé, pendant un délai de cinq années, à garder ouvertes au large, les caisses du trésor, et à tenir nettes de toute tache, les feuilles du grand-livre, à l'effet de recevoir et de transférer, soit les écus de bon aloi, soit les rentes au vieux titre, qui viendraient s'offrir bénévolement en échange des trois pour cent au taux de 75 francs.

« 2°. Le ministre pourra ou devra (le mot est indéchiffrable sur la minute) diviser la masse des cinq pour cent, au moyen du sort, en cinq séries remboursables par année, au cas toutefois que cette masse ne se soit pas précipitée tout d'abord au-devant des faveurs dont il daigne la gratifier.

« 3°. Afin de réduire autant que possible le *quantum* des emprunts, le ministre devra ou pourra, allouer telle et telle prime, qu'il verra bon être, aux propriétaires dans les cinq, qui donneront, les premiers, le noble exemple de se métamorphoser en agioteurs dans les trois.

« Le tout ayant été mûrement délibéré, et devant être ponctuellement exécuté, nonobstant clameur de haro, charte normande et lettres à ce contraires; car tel est notre bon plaisir. »

Or, il n'y a rien de mieux, en droit, puisque le bon plaisir des législateurs se soumet humblement au bon plaisir des rentiers et des prêteurs; en fait, puisque le bon plaisir de ceux-ci ne se soumettra pas follement au bon plaisir de ceux-là.

Le détroit de la Manche n'est que de sept lieues, dit-on : avec les bottes du petit Poucet, c'était l'affaire d'une enjambée; elles ne se sont pas rencontrées sous la main. Il a fallu se borner à jeter un coup d'œil sur l'Angleterre, à travers une lunette quelque peu trouble.

Parmi les réductions qui ont eu lieu dans ce pays, on doit mettre de côté celles de 1716 et de 1727, comme ayant été négociées à l'amiable avec la Banque et les compagnies de l'Est et du Sud, qui possédaient alors les trois quarts de la dette publique. (Sinclair . vol. Ier., p. 485-494).

Lors de la troisième réduction de 4 à 3, en 1750, les trois pour cent étaient à 101, et s'y tenaient depuis près de 20 ans, sauf quelques baisses passagères. (Vol. Ier., p. 54, et vol. 2, tables).

Lors de la quatrième réduction de 5 à 4, en 1822, les quatre pour cent étaient à 96, et n'avaient fléchi au-dessous de ce taux depuis 1817, que dans la baisse générale de 1819, ainsi qu'on peut le voir dans le document fourni aux Chambres.

Il est clair que le ministre, en proposant sa réduction en 1824, quand les cinq pour cent avaient à peine atteint le pair, a fait une étrange confusion, de l'effet qui doit être remboursé, avec l'effet qui doit rembourser.

« Les cinq sont à 101 : je les rembourse, dit-il. — En empruntant au cours, vous ne gagnez qu'un pour 100. — Non, j'emprunte en 4 à 100, ou en 3 à 75; j'y gagne 20 pour 100. — Attendez donc que la hausse de nos cinq ait garanti un tel taux à vos 4 ou à vos 3. — Non, cela prendrait trop de temps; je vais créer l'effet, créer le cours. — Le papier ne vous manquera pas; mais possédez-vous les écus, les esprits ? »

Cependant de quelque manière qu'on entende les choses, au moins convient-il de s'entendre soi-même. Le ministre a paru d'abord se soumettre à cette triste nécessité : il veut emprunter à 4, quand l'intérêt est à 5; et pour y réussir, il invente un capital de 133 pour 4, au lieu d'un capital de 100 pour 5 ; puis il usurpe le fonds entier de l'amortissement, afin de prêter quelque apparence de réalité à cette superfétation artificielle.

De sorte que si la charge est plus faible, en revanche le canon a plus de longueur, et il y a plus de poudre dans le bassinet. Mais l'artilleur devait rester près de sa pièce, devait viser juste, et ne pas faire long feu : c'est en quoi il a failli.

Il était nécessaire que le cours des trois fût porté et se soutînt au-dessus de 75, donnant ainsi les avant-goûts d'une hausse progressive; soit avant l'expiration du délai, pour obtenir des conversions volontaires, soit après cette époque, pour s'assurer à leur défaut, de l'emprunt projeté.

Or, ces deux conditions ont également échoué : la première, par des causes qui n'avaient pas été prévues; la seconde, par un effet dont on ne s'était nullement douté. Il sera parlé ailleurs des causes qui ont agi avant le délai; l'effet qui est survenu depuis, fixe seul l'attention en ce moment.

Le 10 août apparaît, jadis jour de désastre, maintenant jour de salut! Voyez ce siége prééminent entre tous les autres, sorte d'escabeau, ou plutôt de sellette en bois vermoulu, dont la nudité se dissimule sous les reflets du manteau royal; ses pieds ne posaient plus que sur les sables mouvans de l'agiotage, si bien que le moindre coup de vent a suffi pour le renverser et le briser.

Laissons l'homme; il est expert en l'art de voltige : quelque nouveau tour de force peut le remettre d'aplomb; des étais étrangers peuvent lui prêter un appui momentané. Ce n'est pas de lui dont il est question.

Quant à la chose, elle est jugée; tout emprunt est impratiquable.

En 1824, la triple compagnie accourait, comptant bien qu'il y aurait peu de rentiers à rembourser, et tenant pour plus certain encore qu'il y aurait une prompte hausse sur les trois. Toutes les probabilités se ralliaient en sa faveur : la menace, alors soudaine et inattendue, était revêtue de force : les imaginations s'exaltaient; la fermentation se propageait. En peu de temps le cours sautait à 80, 85 : alors la compagnie réalisait 10 ou 15 pour 100 sur le capital, bénéfice qui la couvrait largement du sacrifice d'un pour 100 sur l'intérêt.

Les suites seraient trop douloureuses à décrire : une épouvantable catastrophe, un discrédit presque incurable, voilà pour les particuliers et pour l'état; le ministre culbuté, voilà pour lui. Mais rien ne consolait.

Maintenant retournons la médaille : tout rentier reçoit son capital à 100 pour 5, plutôt que de prendre à 75, un effet qui est tombé à 71 : nul banquier n'abandonne 1 pour 100 d'intérêt, lorsqu'il peut perdre bientôt 5 et 6 pour 100 sur le capital.

C'est bien le cas de s'agiter, de s'évertuer; mais il est tard! Combien de fonds ont déjà été consommés à la petite guerre? Combien d'espoirs déçus ne doivent jamais renaître! D'ailleurs, le coup est porté : la cote des trois au-dessous de 75 est entérinée aux archives de la Bourse ; au-dessus de ce taux, la hausse semblerait factice, éphémère. Quel homme irait dresser son lit de repos sous l'épée de Damoclès !

Ainsi, l'ineptie ne rencontre que des pierres d'achopement : l'ineptie se voit toujours surprise par le péril ; si bien qu'en ce moment même où la chute imprévue des trois la terrasse, ses craintes ne se prolongent pas dans l'avenir pour y recueillir des présages encore plus funestes.

Comment! vous affichez six mois à l'avance, l'intention de convertir plus de 2 milliards, des 5 en 3, ou d'emprunter les fonds nécessaires pour rembourser les réfractaires ; et votre idée abattue par les revers, n'ose essayer de donner à croire que le taux des échanges ou des emprunts pourrait être fixé au-dessus de 75 ! Tant de pudeur vous sera fatale.

L'imagination a des yeux de lynx ; c'est après demain, c'est demain même qu'elle voit la loi intervenant sur le marché, offrir sa denrée de droite et de gauche, sa denrée dont la masse à débiter est quadruple de la quantité errante sur le marché.

Chacun a du temps devant soi ; chacun aime à voir venir : avant six ou neuf mois, la fantaisie, la frénésie trouveront à se repaître en trois pour cent à 75. Donc, nul n'en achètera au-delà de ce taux, pas même à ce taux, puisqu'il y aurait une perte d'intérêts : donc, celui qui voudra vendre, ne pourra vendre qu'à des prix inférieurs; donc le cours, de jour en jour, de cascades en cascades, se dépréciera.

Choisissez, ou de garantir formellement qu'il n'y aura point de remboursement et point d'emprunt, afin de laisser les trois dépasser 75, de manière à pouvoir opérer l'un et l'autre; ou de vous résoudre mentalement à ne faire ni remboursement ni emprunt, tout en affirmant, pour sauver votre honneur, que vous effectuerez l'un et l'autre.

Le dernier parti est le plus sûr.

« Le trois pour cent est-il mort, dûment et finalement, sous la condition de ne ressusciter jamais ; ou le trois pour cent fait-il le mort, avec l'intention traîtresse de se relever au terme, de renaître plus effervescent, plus prépondérant? » C'est ainsi que s'exprimait l'auteur dans le premier aperçu, publié le 10 juin.

Malgré que l'imagination fût déjà frappée des difficultés, que devait rencontrer une machination de hausse, aux approches du terme fatal, elle était tentée de présumer que des calculs plus positifs avaient été faits, et qu'au moins tous les efforts seraient réservés et mis en œuvre, afin d'y réussir.

Il semblait impossible qu'un ministre des finances fût tellement écrasé sous le fardeau du porte-feuille, ou tellement transporté hors de la sphère des faits, que nulle réflexion, nulle prévision ne vînt l'éclairer à propos et que la seule combinaison favorable à ses desseins ne dût pas se former en son idée.

Or, pour obtenir une certaine somme de conversions volontaires, il ne se présentait d'autre moyen, que d'imprimer au cours des trois, vers la fin de juillet, un mouvement à la fois rapide et soutenu; de sorte à tromper quelques rentiers par la perspective d'une hausse illimitée, et à enlever soudainement l'opinion sans lui laisser le temps de s'asseoir, de se fixer.

On ne sait encore dans quelle proportion, l'impuissance du cerveau et l'impuissance des caisses, se sont alliées pour y mettre opposition : on ne sait par quel motif, il a été donné, au contraire, dans le mois de juin, une impulsion prématurée, qui s'est transformée bientôt en un état de stagnation, bien propre à glacer les esprits les plus aventureux.

Si les banquiers contractans se croyaient en état de la prolonger, de l'entretenir jusqu'au dernier jour, c'est qu'ils n'avaient pas compris qu'à chaque franc de hausse sur les trois, un déclassement progressif devait s'opérer dans les cinq qui s'élevaient également; c'est qu'ils n'avaient pas prévu qu'aux cours de 104 et 105, un nombre considérable de rentiers, fatigué de tant de tracas, se disposait à réaliser.

Le trait de lumière vient enfin désiller les yeux : la place va s'encombrer de plus en plus : des efforts qui déjà ont épuisé une part des forces, ne portent plus d'autre effet que d'augmenter la somme des résistances, que de nécessiter un plus grand développement d'efforts.

Il faut s'arrêter ; il faut laisser aller le cours des choses, s'abandonner aux faveurs du hasard. Et cette fois le hasard n'est pas généreux. Toute illusion s'évanouit; toute espérance s'éteint : les projets calculés en milliards et minés de centime en centime, sont ajournés de 1825 à 1826, ainsi qu'ils le furent de 1824 à 1825.

Eh bien, les gens se trompent encore ; les gens y seront encore pris : à telle époque et sous tel mode que ce soit, l'opération viendra toujours heurter et se briser contre la borne posée au milieu de la route, sans qu'il y ait moyen de l'enlever et la déplacer.

Désormais, le ministre sera forcé de réunir, de marier dans ses plans, l'offre de la conversion et la contrainte du remboursement : l'offre présentée à part, a été repoussée par l'opinion ; la contrainte proposée seule, serait repoussée par la pudeur des Chambres.

L'offre de la conversion marche en avant, la menace du remboursement se tient en réserve ; et il n'importe à quel taux, entre 65 et 85, pourraient être fixés l'échange et l'emprunt ; seulement plus le taux s'élèvera, plus les difficultés s'accroîtront.

Or, la menace a été tellement répétée, et les

esprits sont si exaspérés, qu'au moment de son exécution, il se trouverait encore des incrédules : les discours du ministre en ont paralysé le coup ; la parole qui se contredit, perd toute autorité ; et quand l'autorité est perdue, il faut frapper pour convaincre.

Les meneurs comptent plutôt sur le succès de la conversion, lequel ne peut être obtenu qu'en séduisant les rentiers, au moyen de la hausse des trois, avant le terme fixé : mais alors, les cinq ayant la faculté de s'échanger contre des trois, garderont un cours parallèle, et hausseront dans la même proportion; d'où il surviendra un déclassement qui forcera bientôt, comme il est déjà arrivé, à délaisser le projet d'élever le cours des trois.

Ici, nul artifice, nul prestige, n'est de nature à prêter aide ; c'est le lévier dont on fait usage, qui, rencontrant un obstacle invincible, réagit en raison de sa puissance même et vient ébranler, renverser le point d'appui trop faible qui lui fut donné.

Il n'y a d'option qu'entre les périls : qu'on laisse les trois en repos, ils ne bougent à moins que ce ne soit en baisse, et les cinq ne sont point tentés de s'échanger, et leur masse énorme détruit toute espérance d'emprunt. Qu'on pousse les trois au contraire, ils s'élèvent par l'effet des manœuvres et les cinq se déclassent en grande quantité et la place surchargée de rentes flottantes, ne peut soutenir leur poids.

En sorte que dans l'un et l'autre cas, les contractans de l'emprunt et les souteneurs de la hausse sont réduits à faire retraite, non sans avoir subi de fortes pertes.

Le ministre a sa réponse prête ; il ne faut pas lui donner la peine de la proférer. « Le remboursement sera divisé en cinq séries, dont chacune n'excédera pas 450 millions. »

Mais si ce mode nouveau atténue quelque peu l'intensité des risques, d'un autre côté, des conséquences qui lui sont inhérentes, enlèvent à la menace du remboursement, toute prise sur les esprits.

Avant le tirage des séries, nul rentier ne cédera à la crainte, ayant pour lui dans les trois premières années, une chance de cinq, puis de quatre, enfin de trois, contre un, de ne pas tomber dans la série fatale.

Après le tirage des séries, tout rentier que le sort n'aura pas compris dans la série annuelle, se tiendra en paix, ayant devant lui l'intervalle d'une année, avant que son nom puisse sortir de l'urne.

Ainsi les espérances de conversion ne s'étendent plus au-delà des limites de la série actuellement désignée. Et dans son sein même, la menace du remboursement est long-temps inefficace, car jusqu'à la quatrième année, il reste sur le marché une quantité notable de cinq pour cent, dans lesquels les personnes expulsées de cet effet, sont libres de rentrer soit au comptant, soit même à terme, avant leur paiement.

Or, le cours des cinq pour cent, comprimé à un certain point par la menace générale ou plus encore par l'exécution partielle, ne doit dépasser le pair que de 5 à 10 pour cent; en sorte que le rentier soumis au remboursement, en y colloquant ses fonds, supporte seulement la perte d'un vingtième ou d'un dixième sur le capital, tandis qu'en acceptant des trois, il consommerait le sacrifice d'un cinquième, sur le revenu et peut-être sur le capital.

En cette affaire, les ressources n'atteindront jamais au niveau des difficultés, attendu que celles-ci tiennent à la nature des choses, et que celles-là sont d'invention humaine.

C'EST chose misérable pour l'homme d'état, chose déplorable pour l'homme de sens, que d'être obligé, l'un pour ajuster ses combinaisons, l'autre pour développer ses objections, de supputer, jour par jour, le quantum de centimes, dont la cote des fonds publics aura subi l'addition ou la soustraction. Dans la France, n'y a-t-il plus que Paris; et dans Paris, n'est-il plus que la rue Vivienne? Quel sujet de risée et de mépris pour l'étranger, de honte et d'effroi pour le royaliste!

La pensée se révolte, et brise l'ignominieuse chaîne; la pensée oublie ce qui fut fait, méconnaît ce qui se fera. Il ne sera plus tenu compte des oscillations prochaines ou éloignées du cours; les causes générales, les données constantes, absorberont toute l'attention.

L'état présent est pris pour point de départ: qu'il se prolonge plus ou moins, qu'il soit altéré en partie, les réflexions s'y trouveront de même appropriées. Elles frapperont sur les cinq et les trois, en établissant leurs véritables rapports, tant que la confusion des signes dominera à la Bourse;

elles frapperont sur les trois isolés, en dévoilant leur destinée trop certaine, si jamais la force ou la ruse réussissent à anéantir les cinq.

Les cinq seulement, imperturbables et infaillibles qu'ils sont, se tiendront hors de la portée des réflexions, dès lors que le revirement des idées, ou le soulèvement des faits, les auront rétablis au rang de suprématie dont la nature et l'habitude les investissaient.

Le fonds d'amortissement dévoué au service des trois fournit tous les argumens qui puissent s'imaginer en leur faveur.

Ici, il faut dire que les orateurs de l'opposition ont eux-mêmes prêté des armes contre leur cause, en exagérant la puissance de l'amortissement, en supposant que le cours des 3 devait s'élever à 80 et 85, dans l'intention d'exposer les pertes qui en résulteraient pour la fortune publique : c'était établir des principes erronés pour en tirer des preuves surabondantes.

L'action de l'amortissement s'exerce essentiellement, à l'effet de retirer du marché et d'annuler une portion des fonds publics, de sorte à diminuer leur masse. C'est à peu près le seul résultat qui soit obtenu en France, où les achats s'opèrent à raison d'un trois-centième de la dotation annuelle, par chaque jour de bourse.

Supposez que l'emploi du fonds quotidien équivale à 10,000 fr. en 3 pour 100, l'influence qui en dérive sur le cours devient tout-à-fait nulle, pour peu qu'il se présente à la vente 100,000 fr. de rentes, un million de rentes comme il arrive souvent, surtout lors des liquidations.

Calculez cette influence par semaine ou même par mois; ce ne sera jamais que 60,000 fr. et 240,000 fr. de rente retirés du marché, pendant un intervalle où un demi-million et 2 millions de rentes auront pu être jetés sur la place.

L'action de l'amortissement ne s'exerce efficacement dans le sens de soutenir le cours, qu'autant que les commissaires gardent une réserve de fonds; et, surveillant l'état présent ou prochain de la bourse, en font l'emploi au moment d'une baisse accidentelle, afin de donner aux esprits le temps de se calmer, aux capitaux le temps de se réunir.

Le gouvernement qui aurait l'heureuse idée, après avoir conféré ce droit, d'imposer en outre le devoir de vendre telle ou telle partie de rentes, aussitôt qu'une fougue de hausse ferait monter les effets publics par delà leur valeur moyenne, se montrerait le premier à entendre la vraie théorie de l'amortissement, se trouveroit le seul à en recueillir un bénéfice réel.

En attendant, le résultat de l'amortissement depuis neuf années, sous le rapport de la réduction de la dette publique, consiste dans l'achat de 36 millions de rente qui reviennent au denier vingt. (IIIe Aperçu, page 8.)

Sous le rapport de l'élévation du cours, son résultat se borne à quelques francs au plus. Il a été dit dans le Ier Aperçu, p. 39, que le capital absorbé par la dette publique s'était accru en huit ans de 1300 millions, sans y comprendre les rentes rachetées et les rentes immobilisées; et ces 1300 millions, qui montent presque au double des fonds employés par l'amortissement, ont été fournis par les épargnes opérées sur la richesse nationale.

Or, si les rachats n'avaient pas tendu, pendant tout ce temps, vers la hausse des effets publics, une nouvelle portion de ces épargnes, attirées par des prix moins chers, s'y serait colloquée; laquelle peut être estimée au tiers des 1300 millions qui sont déjà classés.

On doit en conclure que les rachats du trésor arrêtent en partie les placemens des particuliers, que leur action est paralysée par la réaction qui s'en suit; que, s'il n'avait existé nul fonds d'amortissement, la cote actuelle des fonds se tiendrait environ à 96, et s'y maintiendrait presque sans variation.

A la vérité, quant aux 3 pour 100, les rachats ne repousseront pas les placemens; car aucuns capitaux n'iront s'y fixer à demeure, tant qu'il restera des 5 pour 100, et tant que l'intérêt ne tombera pas au-dessous de 4 pour 100 : ici, l'action de l'amortissement n'entraîne point de réaction.

Mais aussi sa puissance est relativement plus faible à l'égard des 3 qu'à l'égard des 5. En vain les charlatans s'écrient qu'un fonds qui supportait 140 millions en 5 pour 100, n'ayant plus qu'à soutenir 24 millions en 3 pour 100, doit les pousser à un taux très-élevé. Les charlatans en ont menti.

Dans le rapport sur la caisse d'amortissement, il est déclaré que son action était presque restreinte, à la fraction flottante, d'environ 30 millions. Sauf cette portion, la dette publique de France se trouvait classée, consolidée, immobilisée par la volonté, se tenait hors de la circulation, hors du marché de Paris autant que du marché de Londres ; et les deux élémens, dont la balance détermine le cours de la denrée, l'offre et la demande, étaient, pendant le cours d'une année, sous le rapport de 30 millions à vendre, vis-à-vis 4 millions à acheter.

Dans les 3, comme la fraction flottante y est passée en totalité, et comme tout le fonds d'amortissement leur est attribué, abstractivement parlant, la proportion reste la même. Mais, en réalité, la nouveauté et la fragilité de l'effet, l'inquiétude des esprits, l'incertitude des lois, le rendent mobile à l'excès; il y aura plus de vivacité dans l'offre, c'est-à-dire plus d'intensité en un temps donné. Ainsi le fonds quotidien produira un moindre effet; le cours se dépréciera; et ceux qui rentreront dans les bas prix, toujours disposés à réaliser au premier bénéfice, atténueront l'élan de la hausse.

Cependant, à moins que le Ciel ne suscite un autre mode de paiement, ou que l'enfer ne s'ingère à étouffer les liquidations, les 3 pour 100 de l'indemnité vont tomber sur la place à raison de 6 millions par an.

Or telle est la loi, telle est l'opinion, que l'indemnité est à vendre, toute entière, à tout prix, au plus vite. Elle se vend, avant la liquidation, à 50 et 45 pour 100; après la liquidation, le taux de 60 ou 65 semblera lui porter une prime de faveur; et l'occasion ne manquera pas d'être saisie avidement.

Ceux-ci se défient de l'avenir, ceux-là recherchent une prompte jouissance; le plus grand nombre est pressé de placer en terres, et se révolte contre l'idée de fonder son existence sur un papier dont disposent les intrigues et les hasards.

Pour le triomphe des grands projets, il valait

mieux que l'amortissement eût été voué au soutien des 5 (IIIe Aperçu, page 34.) : et il valait mieux que l'indemnité eût été liquidée en 5; car le poids de l'intérêt, le poids de l'exemple, le poids du temps, tout se ralliait alors pour établir une certaine force d'inertie, au lieu que tout conspire pour aggraver les mouvemens de perturbation.

Mais peut-être la baisse des 3 pour 100 est-elle entrée dans les calculs du ministre? Peut-être a-t-il conçu qu'un fonds qui amortit 3 millions par an sur 54 millions, doit employer dix-huit années pour amortir la totalité, et que les esprits trop alertes, trop soucieux, ne jouent point à des échéances aussi lointaines; peut-être a-t-il compris qu'un fonds constitué à la manière des 3, devait descendre au niveau des autres valeurs, afin d'appeler des placemens fixes, d'acquérir un point d'appui solide, et que la loi est impuissante en 1825, autant que le jeu fut impuissant en 1818, pour élever soudainement le cours d'un effet, de 25 pour 100?

On ne sait même si la blessure du 10 août, qui d'abord sembla mortelle, n'a pas été opérée volontairement, et ne va pas être entretenue comme un cautère propice. Rien ne serait mieux entendu; seulement il faudrait amasser un trésor de patience, pour attendre pendant des années que les

3 s'élevassent comme se sont élevés les 5, de 60 à 75.

Puissent les joueurs placés sur les charbons ardens de la cupidité, se montrer aussi riches en cette précieuse vertu, que paraît l'être le ministre mollement étendu sur l'édredon du pouvoir!

La hausse des trois pour cent ne repose que sur le fonds d'amortissement : mais sur quoi repose le fonds d'amortissement? Le système rappelle trop la théogonie des Indiens, suivant laquelle le monde repose sur une tortue ; et depuis six mille ans à notre compte, depuis six mille siècles à leur idée, le savant corps des Bramines n'a pu découvrir sur quoi reposait la tortue.

Ce n'est pas ici le lieu de traiter dogmatiquement la question de l'amortissement, institution imitée des Anglais, quant au principe et nullement dans le mode ; institution appliquée à la France en 1816, par la nécessité, suprême raison d'état, et plutôt enracinée à l'aide de l'habitude, que consacrée au moyen de la réflexion, institution accidentelle, exceptionnelle, qui devrait ainsi que toutes les inventions de l'esprit, rester subordonnée au changement des circonstances.

Dans l'état actuel de la législation, sur quoi repose le droit d'amortissement usurpé par les trois pour cent? sur rien.

Les cinq pour cent ont déjà fléchi hier, 16 août, au-dessous du pair, n'étant plus qu'à 102, dont il faut déduire l'intérêt acquis : doivent-ils fléchir encore devers ce taux, le devoir de l'amortissement serait d'y reporter ses achats, suivant les paroles du ministre (troisième aperçu, page 31). Et quand même l'événement n'arriverait pas au premier jour, comme à la Bourse, toutes les probabilités s'escomptent, pour se servir de l'argot du pays, les spéculateurs exposés au danger, en devanceront souvent les effets, par leurs manœuvres anticipées en baisse.

D'autre part, les destinées des trois pour cent, qui ne sont claires en ce moment qu'aux yeux du bon sens, vont enfin se manifester définitivement.

L'intensité de leur masse est-elle bornée à la somme de 30 millions, ou est-elle appelée à s'étendre jusqu'à 60 millions? La question reste la même. Le quart ou la moitié de la dette aliénable envahit tout le fonds de l'amortissement; et cette portion est presqu'en entier possédée par des spéculateurs; cette portion est si mobile, si instable, que le mécanisme des rachats exerce à peine quelque influence sur son cours.

Tout présage donc la restitution prochaine, d'une part relative du fonds, à ce vieil effet des cinq pour cent, monarchique de naissance, favorable au maintien des mœurs, approprié aux besoins du crédit; tout garantit que la loi se hâtera de mettre un terme à la dilapidation des deniers publics, car tant que le dernier atôme des cinq n'aura pas été consumé, l'amortissement rachète une somme plus faible d'intérêts, en s'employant dans les trois, à moins toutefois que les cinq et les trois ne se nivellent aux cours parallèles de 105 et de 63.

Mais le ministre est délivré du spectre repoussant des cinq; il n'existe plus que des trois: la dette publique est homogène et compacte; le crédit prend son essor et s'enlève jusqu'à 100 ou s'embourbe à 60. L'enfant ailé n'était déjà que trop volage; l'émancipation le rendra encore plus indocile: il faut plaindre le mal avisé tuteur, maintenant réduit à le suivre dans ses écarts.

Or, le cours des trois se fixe-t-il en baisse, au-dessous de 75, ainsi que cela est déjà, ainsi que cela devait et devra être, l'amortissement n'aura produit aucun effet, l'amortissemeut ne comptera plus en tête des moyens de hausse. La question est tranchée.

Au contraire, le cours des trois s'élèverait-il, et se soutiendrait-il au-dessus de 75, s'il est permis d'avancer une supposition absurde, l'amortissement aura fait merveille, on ne peut le nier. L'agiotage va-t-il donc sourire? et par contre, la loi ne va-t-elle pas s'attrister de ses œuvres?

En principe, la loi voulait secourir les contribuables; par l'événement, si le cours moyen des rachats s'établissait à 85, il en coûterait, pour soutenir l'amortissement jusqu'à l'extinction de la dette, autant qu'il aurait été épargné par la réduction du cinquième. Pour les contribuables, il y a balance exacte; pour les rentiers, toute la perte; pour les agioteurs, tout le profit. Cela serait-il tolérable?

Et notez que les agioteurs, toujours affamés, réclameraient seuls la prolongation de l'amortissement, tandis que les rentiers, toujours pressurés, y resteraient indifférens, n'ayant point l'intention de vendre, même leurs trois pour cent.

Le ministre parlerait-il de fonder le crédit pour l'autre siècle? On ne l'écouterait pas. La loi ne doit point disposer pour l'avenir, par cela même qu'elle ne peut disposer de l'avenir.

La loi se rappelle que les fonds les mieux consolidés de l'univers ont joué depuis cent ans, de 105 à 47, et de 47 à 96, se tenant méchamment au plus bas cours, toutes les fois qu'il leur était fait un appel; et soudain, se relevant au plus haut, dès lors que le besoin n'existait plus : la loi a appris que le crédit, que la faculté d'emprunter se fonde sur un cours constant et régulier, et non pas à l'aide de sacades vives et variables, que le crédit, jusque-là confiné dans l'idée, ne se réalise que par l'intermède des capitaux, et que les capitaux ne sont fournis au moment de la demande, que par les épargnes de la richesse publique.

Et puis la loi de France aurait-elle jamais la prétention de négocier un emprunt au-delà de 75, au-dessous de 4 pour 100 ?

Dans tous les cas, le fonds d'amortissement est aboli d'un seul coup, ou réduit peu à peu.

Nous entrons dans un nouvel ordre de choses; l'étai de l'amortissement est soustrait aux trois pour cent, et l'ombre du capital adjacent s'évanouit. L'effet tombe : il est assimilé aux cinq pour cent; il est ramené à son taux réel.

Le maximum du cours ne s'élève plus, même au dire de l'imagination, par-delà 70. Le minimum reste à la merci des événemens et des lois : pendant de longues années, on peut supposer le terme moyen à 60 ou 65.

Or, qu'un homme perde sa fortune, qu'un fonds perde sa valeur, vous verrez toujours l'opinion les mépriser, les délaisser. Que ne doit-il pas en advenir ?

Le contrat d'échange ou d'emprunt sera tenu pour suranné; ses clauses paraîtront insolites, extravagantes. Qu'est-ce que cela signifie, de créer un effet au pair de 100, pour le céder au taux de 75, et d'attribuer un tiers de capital nominal, au-dessus des valeurs réellement versées? Un tel acte est prohibé par la loi civile; un tel exemple légitimerait les manœuvres de l'usure.

Mais quant à ses intérêts, l'Etat s'est fait reconnaître pour mineur, ayant le droit de revenir contre toute lésion; quant à ses devoirs, l'Etat se trouve investi des fonctions de tuteur, ayant le devoir de protéger ses pupilles.

C'est 1830 qui parle : et 1830 dit que 1824 a présenté un projet pour réduire les vieux cinq pour cent, en dépit du contrat et de l'usage, sous le vain et faux prétexte que l'intérêt n'était plus qu'à 4 pour 0/0.

1830 use du même droit que 1824, du droit du plus fort; seulement il réduit le capital au lieu de réduire l'intérêt, opération moins immorale, car elle n'atteint que les spéculateurs.

Du reste, les deux années tiennent un langage analogue : 1830 se prononce catégoriquement aussi bien que 1824. « Messieurs, l'Etat vous doit 3,000 francs de rentes; le denier 20 est l'intérêt légal : vos 3,000 francs valent 60,000 francs; les voilà. »

Après la menace, arrive l'offre. « Préférez-vous la reconversion des trois en cinq? l'Etat les prendra au taux de soixante. Quel bénéfice pour vous! Ces avortons de trois languissaient, dépérissaient à vue d'œil : entrez dans les cinq; la perte apparente sur le capital sera compensée outre mesure. Avez-vous lu les discours du ministre de 1824? les cinq allaient monter à 115 et 120, s'il n'y avait mis obstacle. Or, le ministre de 1830 ne met point d'obstacle au crédit; et cinq années n'auront point passé en vain. Croyez donc; vous verrez après; vous verrez les cinq à 130 et 140. »

Sans doute, ceci n'est qu'une présomption, qu'une supposition, entre mille autres. La marge est indéfinie : la langue sert à toutes fins; les faits sont tournés et retournés à volonté. Il n'est rien qui soit improbable.

Vous raisonnez la foi, vous travaillez le crédit; vous torturez le texte des actes, vous enlevez la sanction de la loi. D'autres feront de même, aussi mal peut-être, plus mal, s'il y a jamais moyen.

« APRÈS le délai, comment se comportera le cours des cinq et des trois ? Tout s'oublie ; le mal passé n'est que songe ; le mal futur est moins encore. Les espèces l'emportent ; contre le poids des cinq, le fétu des trois n'a pas beau jeu à lutter : on voit les uns à 104, à 108, plutôt que les autres à 78 et à 81. » (3e. Aperçu, p. 40).

L'horoscope tiré en juillet, vient de se réaliser en août, dans la proportion de 102 à 72. L'auteur n'est point sorcier cependant : si parfois les fastes de l'avenir se représentent à sa pensée, c'est que les archives du passé en portent l'image fidèle.

Or, il avait lu dans l'ouvrage de Sinclair, qu'en Angleterre les cinq pour 100 s'étaient fixés pendant sept ans, de 1786 à 1793, entre 110 et 120 : il avait lu, dans le document fourni aux Chambres, qu'ils s'étaient tenus pendant cinq ans, de 1817 à 1822, au cours de 106 à 110, et s'y trouvaient encore, trois mois avant l'époque de leur remboursement.

Et raisonnant *à fortiori*, il se disait en lui-même, que si le prix de ce fonds s'était maintenu ainsi en Angleterre, où des réductions avaient déjà été opérées, où son remboursement n'équivalait qu'au cinquième de la dette publique, il devait se maintenir encore mieux en France, où nulle réduction n'avait été opérée, où son remboursement, après la conversion de 30 millions, excédait les trois quarts de la dette publique.

Le phénomène est avéré; si l'imagination était incapable d'en pressentir l'existence, la réflexion sera peut-être plus heureuse, en recherchant ses causes.

L'aspect de la Bourse trompe. Les coulisses y sont en mouvement perpétuel, poussant sur la scène les décorations les plus variées : l'attention est absorbée par le jeu du machiniste, et ne se fixe pas sur le plancher du théâtre, qui est inébranlable, et dont les trappes, à peine ouvertes, se referment aussitôt.

C'est le grand-livre qu'il convient d'examiner : là, les perturbations de l'agiotage n'occupent que quelques marges, et presque toutes les feuilles attestent la force d'inertie qui domine les rentiers. Un grand nombre d'entre eux y reposent sur des titres d'ancienne origine, ou sur des contrats de premier achat.

Mais la foudre a déjà menacé leurs têtes : le péril surmonté excite le courage, les craintes évanouies ne ressuscitent pas. Naguère le ministre s'inquiétait de l'option que feraient les rentiers : qu'il ne s'en inquiète plus, qu'il travaille seulement à leur persuader qu'il y a une option à faire, qu'il y a possibilité dans la menace du remboursement. Ce sera un vrai tour de force.

Le ministre a fait une attaque vive, et s'est vu repoussé. Il a perdu de sa force ; il rencontrera plus de résistance. Pendant les escarmouches d'avant-poste, les trembleurs ont pris la fuite ; et dans la bataille du 5 août, les tirailleurs, éparpillés sur les ailes, se sont rendus prisonniers. Le corps d'armée est ainsi plus homogène, plus compacte, plus impénétrable.

C'est la légion thébaine : ainsi que la foi, s'il est permis de hasarder ce rapprochement, la haine a ses martyrs, et n'a point d'apostats ; et de même aussi, la haine se nourrit des espérances que lui prêtent les temps plus prodigues que jamais. La sécurité de la paix est-elle manifeste ? La prospérité de l'état est-elle invariable ? La volonté des Chambres peut-elle se présumer ? La durée du ministère doit-elle s'éterniser ?

Il est des hasards de toutes sortes : en faisant le calcul des probabilités, à la date même où serait présenté le nouveau projet de loi, les *Bernouilli* et les *Laplace*, décideraient sans doute que la chance en faveur des rentiers, s'établit dans le rapport de 10 et 20 contre 1.

Cependant jusqu'à cette époque, et plus encore par-delà cette époque, l'imperturbable tenacité des rentiers, dont quelques-uns seulement se déclassent peu à peu, à des taux de plus en plus élevés, imprime un caractère de fixité au cours des cinq pour 100, un caractère de régularité à la hausse de leur prix.

Tel est le premier appât qui tende à attirer vers cet effet, les épargnes capitalisées, et les réserves temporaires opérées sur le fonds de la richesse nationale; soit à demeure, soit à terme, on voit s'y colloquer les profits de l'industrie, les rentrées de fonds, les excédans de revenu, les résidus de caisse, lesquels ne sont nullement tentés de se confier à ces alternatives de hausse et de baisse, que présage le Moniteur aux trois pour 100 (20 juillet.)

La certitude de réaliser son capital au même taux et à chaque instant, domine si fortement la direction des placemens, que c'est tout au plus si le bénéfice de l'intérêt doit exercer une influence supérieure, au profit des cinq pour 100.

Il y a peu à dire sur l'effet de cette dernière influence; sous la raison mathématique, elle entraîne évidemment tous les capitaux; sous le rapport moral, elle est à peine combattue par l'inquiétude des projets, par la crainte du remboursement. En ces temps-ci, sauf quelques consciences qui ne s'appartiennent plus, les Français sont en force, en contact : un seul sentiment, un seul désir, un seul espoir les rallie et les anime.

Les placemens obéiront à la même loi que les rentes. D'ailleurs, ils se colloqueront dans les cinq de 102 à 106, en sorte que le risque du remboursement n'équivaut qu'à 4 pour 100, terme moyen ; et en restant oisifs, la perte serait de deux et demi pour six mois, de 5 pour l'année ; ou en entrant dans les trois, la baisse pourrait leur enlever 10 et 15 pour 100.

Ainsi, pendant que les trois, en dépit du jeu de l'amortissement, après s'être débattu quelque temps, tombent dans l'état de langueur, il survient en faveur du cours des cinq, une puissance naturelle, dont l'action est constante, dont la marche est régulière ; une puissance émanée des choses, et s'accroissant avec les temps, qui ne craint point d'être assimilée aux ressources décevantes, qu'imagine l'esprit fiscal.

Ainsi, les cinq s'élèvent au-dessus du pair réel, par les mêmes causes qui dépriment les trois au-dessous du taux d'échange.

Et ceci n'est pas très-éloigné de l'entente du Moniteur du 4 août, qui d'abord décernait aux trois pour 100 le privilége exclusif de réunir tous les capitaux ; qui leur présageait une rentrée de 15 cents millions ; qui affirmait que tous les ordres de placemens *frappaient* sur eux; et qui s'est borné, par amendement, à garantir que cet effet, d'ici à plusieurs années, *accordera* au porteur 2 pour 100 de hausse; à garantir que si l'état de paix est de longue durée, des emprunts en trois offriront les moyens de racheter les contribuables de ce *tribut*, payé en excédant d'intérêts.

Si l'exorde est emphatique, la péroraison est humble; rien n'empêche même de condescendre à ses termes; car la prévision du cours de 77, d'*ici à plusieurs années*, n'indique que le cours de 68 ou 70, d'ici à un an; et la promulgation d'un emprunt en trois, si la paix est de *longue durée*, ne laisse sur le remboursement que des risques à peine appréciables.

Nous sommes presque d'accord: s'il est parlé du remboursement, ce n'est que pour la forme; le ministre n'y croit plus, ne veut plus même y faire croire.

Et quant à la conversion, le ministre ne proposera pas aux rentiers de prendre à 75, un effet qui se vend 68 ou 70, et de céder à 100, un effet qui vaut 104: en outre de 1 pour 100 à perdre sur l'intérêt, il y aurait 10 pour 100 à perdre sur le capital. Tout est fini aussi de ce bord.

Mais l'embarras est ailleurs. Ce *fonds mort* des cinq pour 100 s'est ressuscité de son propre mouvement: ce fonds ne figure plus au grand-livre que *pour mémoire*, et néanmoins exige un paiement de 110 millions. Quelle est *sa nature?* Quel sera *son sort?* Telles sont les demandes que se fait le triste Moniteur.

Le ministre actuel doit être en peine pour lui répondre : tout autre n'aura rien à dire, rien à faire.

Les destinées s'accompliront : le trois passera sous les fourches caudines; trop heureux s'il obtient, à force de suppliques, d'être amnistié, et de rentrer aux tentes triomphantes du cinq.

Les trois pour cent font leur entrée dans le monde sous des auspices calamiteux. Il n'est pas besoin de parler de la haine et de la défiance dont est assiégé leur patron, ni des manœuvres à l'aide desquelles on a essayé de leur faire prendre pied. Il n'est pas besoin de rappeler qu'à l'instant même où la lisière ne les a plus soutenus, ils sont tombés avec fracas sur le parquet, exposant leur nudité à la risée et au mépris.

Les choses doivent être prises de plus haut : c'est la position de la dette publique et de la richesse nationale qu'il faut considérer.

Sous quelque proportion qu'elle soit scindée, en cinq à 100 ou en trois à 75, la dette publique absorbe la même somme de capitaux, c'est-à-dire environ 2 milliards 800 millions, pour la partie non rachetée et non immobilisée, suivant *le Moniteur* du 4 août.

En ce moment, on part de la supposition qu'elle est en totalité métamorphosée en 3 pour 100, et on se rend à cette autre supposition que le fonds d'amortissement reste fixé à 80 millions.

Du 1 janvier 1824 au 1 janvier 1827, le marché de la dette publique a les mêmes besoins, et non pas les mêmes moyens.

Le déclassement ayant été considérable, le cours ne se soutient que par l'artifice des reports. Leur somme habituelle ne suffit plus; des mesures fiscales sont venues au secours, et le taux élevé a attiré des capitaux libres. Faisons l'addition :

Anciens reports............	200 millions.
Fonds des caisses et de la banque.....................	300
Capitaux nouveaux.........	200
Déficit.................	700 millions.

Et le déclassement ne s'arrête pas, comme il est facile d'en juger, par le prix exorbitant des maisons et des terres.

Le déclassement s'accroîtrait encore, pendant et après l'opération de la conversion générale; car les uns se laisseraient rembourser, et les autres se hâteraient de sortir d'un effet accepté par force.

En même temps et par les mêmes causes, le placement des épargnes évaluées dans *le Moniteur* à 200 millions par an, lequel aurait pu en atténuer les suites, est suspendu ou du moins réduit.

D'autre part, les rentes de l'indemnité sont liquidées enfin, impatientes de se réaliser, suffisantes pour compenser les rachats de l'amortissement et les achats des particuliers.

En outre, les banquiers intéressés restent chargés de 10 à 15 millions de rentes, qu'ils s'empresseront de vendre, soit que l'opération doive être suivie ou abandonnée.

Les progrès rapides et constans de la richesse nationale étaient seuls capables de remplir les besoins nouveaux, de supporter les nouvelles charges, d'ajourner au moins les liquidations pénibles.

Mais sa position ne s'y prête nullement. Le revenu déchoit, la dépense s'élève; et les pertes du bilan annuel sont prélevées sur le capital.

En vain le prix vénal des biens s'exagère : la demande des fonds augmente ainsi; les emplois absorbent davantage, sans que les ressources s'accroissent.

Jusqu'à cette heure, le crédit soutient encore un équilibre aussi périlleux. C'est lui-même qui aggrave les risques; il se livre sur des valeurs idéales, il escompte des échéances incertaines; les richesses fictives qui en dérivent, s'évanouiront en un clin d'œil.

Or combien de causes intérieures et extérieures, politiques ou commerciales, qui couvent en silence et éclatent à l'improviste, peuvent et doivent amener le terme fatal!

La plus efficace de toutes ces causes réside dans la constitution des 5 pour 100. Cet effet est nouveau et inconnu; il est fragile et instable. Son cours fléchit-il? Telle est l'épouvante que les ventes se précipitent, que les reports se retirent. Son cours hausse-t-il? La fougue s'empare des joueurs, les bénéfices se réalisent, la place engorgée outre mesure, succombe.

Et déjà il semblerait qu'aucun des prôneurs du système n'est assez privé de pudeur pour avancer en leur faveur, des argumens puisés dans la nature de l'effet; on se borne à citer l'Angleterre pour exemple, à l'appeler en témoignage, en garantie.

Pauvres gens, quelle ressemblance y a-t-il entre les deux royaumes? Là, les capitaux circulans sont immenses, et les biens immeubles, fécondés par un crédit régulier, enfantent à commande de nouvelles richesses mobiles.

Là, il existe une nation qui comprend l'intérêt général, qui balance les intérêts privés; et un ministère, qui, par nécessité plus encore que par loyauté, est le serviteur de l'opinion publique, le promoteur de la fortune publique.

C'est là que, depuis un siècle entier, la foi s'est dévouée aux fonds de l'état. Suivant l'heureuse expression anglaise, ils sont tenus pour la première des sécurités; leur prix de vente est au pair du denier des terres; leur intérêt reste au-dessous de l'escompte du papier de banque.

Pour donner lieu à quelque comparaison, il faudrait que la France échangeât son sol contre l'Océan, s'agglomerât sous des limites resserrées, et, chose aussi difficile, connût enfin le véritable esprit public; il faudrait que l'ordre et la règle eussent toujours présidé à ses destinées, eussent consolidé à demeure le crédit fiscal, industriel et agricole.

En attendant, il n'existe nul rapport appréciable entre le cours habituel des 3 anglais et le cours éventuel des 5 français. C'est l'expérience même qui nous en donne les preuves; car, depuis 1730 jusqu'en 1792, excepté pendant la guerre d'Amérique, les 3 pour 100 sont restés à Londres entre 85 et 105, c'est-à-dire au même taux où étaient les 5 pour 100 à Paris; et de 1815 à 1824, les premiers ont gardé jusqu'en 1819 un cours supérieur, et ensuite, un cours presque égal à celui des derniers.

Or, comme les deux états n'ont point changé sous les aspects physiques et politiques; comme il est avéré que, dans ces derniers temps, la richesse de l'Angleterre a fait des progrès immenses et durables, tandis qu'en France le faible et lent accroissement de l'industrie est plus que compensé par la décadence du revenu rural; rien n'autorise à présager que la proportion entre ces valeurs, soit sur le point de varier à notre avantage.

S'il était quelque induction légitime à tirer du rapprochement des cours, elle serait au détriment de nos trois, puisque les autres, en dépit de tant de priviléges, ont fléchi depuis un an de 96 à 90.

Et les présomptions de sorte favorable se hasardent aux secrets de l'avenir, où tout est possible sans doute, où rien n'est improbable à la rigueur ; mais aussi, où il se trame plus souvent des chances de désastre que des chances de triomphe.

L'*Etoile* s'est donc trompée, au moins cette fois, en disant le 2 juillet : « M. de La Gervaisais a fait une brochure pour prouver que le crédit de l'Angleterre, qui a une dette si forte qu'elle ne pourra jamais la payer, est à celui de la France, qui n'a qu'une faible dette qu'elle peut facilement acquitter, comme 33 un tiers est à 20. Le *Journal des Débats*, en bon Français, s'extasie sur *l'invention* de cette proposition. »

M. de La Gervaisais n'est point homme à invention ; il avait seulement exposé un fait. (Voyez le 1er Aperçu, pages 17, 22, 27, 32).

L'AUTEUR de l'*Examen impartial du Budget de* 1816, qui se trouve maintenant un des membres du syndicat, et dont le plan a servi de modèle au projet actuel, après avoir rendu compte des embarras de cette époque, en cherchait le remède, et traçait ces mots en lettres majuscules, à la page 61 de sa brochure :

C'est le CRÉDIT.

Le même système se rencontre dans un journal, en date du 10 août, de ce jour même où cette puissance occulte éprouva à la Bourse le plus sensible affront. « La force des choses est entraînante, irrésistible, et l'*espèce de machine à vapeur* qui la produit et qu'il faudrait briser, au risque de compromettre l'ordre social tout entier, si on voulait s'y soustraire, *c'est le crédit.* »

Il fut répondu à l'*Examen impartial du Budget,* dans un écrit intitulé : *De la Tactique financière,* dont un passage transcrit ci-dessous, prouvera du moins que les principes sont invariables. (*Voyez* la première note.)

Quant au journal qui se montre souvent en

harmonie, sinon avec les vœux, du moins avec les actes du ministre, et qui s'appuyant sur la force irrésistible des choses, le tance vertement s'il n'obéit pas aussitôt, sans lui accorder de louange quand il se soumet, la réponse sera catégorique.

Oui, le crédit est une espèce de machine à vapeur ; oui, quand elle se brise, l'ordre social est compromis.

Mais la machine ne se brise pas avant d'être mise en jeu. Pour qu'elle se brise, il faut que les combustibles aient été entassés, que le feu ait été allumé ; et elle se brise d'autant plus vite, si l'ouvrier pousse soudainement et follement la flamme pétillante.

Le crédit est un moyen, un instrument, tour à tour le plus précieux, le plus désastreux : et ce n'est pas le but, l'œuvre finale de la civilisation, comme certaines gens voudraient le faire accroire, dans la vue d'en usurper le monopole et d'empiéter à son aide sur le domaine de la souveraineté.

Il ne faut pas qu'un banquier de Londres refuse d'exécuter un contrat fait avec l'Espagne, à moins que le roi ne reconnaisse l'indépendance de l'Amérique. (*Journal du Commerce*, 9 août.)

Il ne faut pas que le projet de 1824 soit vanté sous le rapport politique, comme interdisant toute guerre à la France pendant plusieurs années. (*Réflexions sur la Réduction de la Rente*, p. 7.)

Il ne faut pas que telle maison de banque, juive ou non d'origine, tienne tous les fils de la fortune du royaume, et en demandant des chevaux de poste, fasse choir les fonds subitement.

Les mots dominent trop l'esprit humain : *c'est le crédit*, voilà le mot cabalistique, voilà la panacée universelle du dix-neuvième siècle. Le ministre a les honneurs de l'invention; l'espèce de fièvre à la hausse, dont il parlait en 1824, semble avoir engendre l'espèce de machine à vapeur dont nous entretient le journal.

Seulement, tandis que, selon celui-ci, sa machine produit une force irrésistible, suivant le ministre, sa fièvre tenait à des circonstances transitoires, dont il importe de profiter quand elles sont dans toute leur force, ainsi que la prudence veut qu'on use de tout ce qui est accidentel et passager. (*Exposé des motifs*, p. 2.)

Or, c'est dans cette phrase littéralement transcrite (autant qu'il y a moyen de lui supposer quelque sens) où gît l'erreur, la bévue, qui a commandé tous ses déportemens.

Si la prudence veut qu'on use de ce qui est accidentel et passager, la prudence défend de fonder un système de longue durée sur des circonstances transitoires ; car l'échafaudage s'écroulant, l'édifice serait renversé.

L'usage du crédit est soumis à des lois morales : il doit exister un besoin absolu de l'employer et un espoir légitime de le soutenir : autrement ses succès tournent en revers.

Le crédit de l'Etat, qui est isolé du crédit commercial, étant au-dessus en Angleterre et au-dessous en France, se réduit dans sa simple expression, à la faculté plus ou moins puissante de contracter des emprunts.

Lorsque l'Etat n'est pas obligé de long-temps à recourir aux emprunts, le degré de son crédit lui reste indifférent, puisqu'il n'en use pas ; et n'est même qu'apparent tant qu'il n'en a pas usé.

Cependant c'est aux abîmes de l'avenir, qu'on tente en ce moment d'asseoir et d'élever le crédit, comme si la vague du temps, semblable à celle de l'équinoxe, ne devait pas balayer au premier jour tous ces jalons, ces pilotis, posés sur le sable.

Les jeux du sort sont bien connus, surtout en cette matière. Jamais les actions de la caisse d'escompte ne furent plus hautes qu'en 1789 et 1790, à la veille d'une catastrophe générale ; et, depuis quarante ans, les 3 anglais attendaient, pour monter à 95, cette fatale année de 1792, qui présageait une guerre de vingt ans, et dans laquelle ils tombèrent, en vingt jours, de 90 à 74.

Or tous les efforts faits hors de saison, entravent les progrès de la richesse nationale qui, seule, prépare pour des temps lointains une base solide au crédit, en semant des périls de toute sorte sur les voies de la circulation agricole et commerciale.

Il est plusieurs modes de contracter des emprunts. La fière Angleterre s'est soumise elle-même à traiter en bloc, à forfait; à faire endosser son engagement, à enter le crédit de l'état sur le crédit de banque; et elle s'en est bien trouvée pendant la guerre, où l'omnium a été à 10 et 15 pour 100 d'escompte.

La France suit le même mode, avec plus de motifs, puisque le crédit, à peine sorti de terre, y réclame un appui, un tuteur, pour soutenir sa frêle tige, menacée par le moindre souffle de vent; mais aussi avec plus de dangers, car l'appui même, implanté dans un sol encore tremblant, n'est pas de force à faire tête aux orages inattendus.

Ecoutez un orateur devenu ministre, déclarant qu'un mouvement de 18 à 20 pour 100 en France n'était accompagné que d'une fluctuation de 1 à 2 pour 100 en Angleterre. Et les deux pays n'ont point changé.

Voyez en 1818, une débâcle emportant la rente de 80 à 60, en sorte que le ministre se crut obligé d'ouvrir les caisses du trésor, et de résilier un marché de rentes fait à 75. Et les 3 sont moins fermes que les 5.

Cet emprunt gigantesque, qu'on trame sans raisons valables, qu'on fixe à un taux tellement inférieur au cours, qu'on livre à une compagnie étrangère, jusqu'à cette heure fortunée en entreprises, et par cela même téméraire en projets; cet emprunt, s'il n'y avait plus qu'à le signer, il faudrait s'y refuser, se retirer avec horreur.

L'opération devrait-elle être facile et prompte? Les banquiers réalisent un immense bénéfice, et se mettent en quête de quelqu'autre bonne affaire, laissant les fonds publics tomber d'une chute accélérée, à la ruine des régnicoles.

L'opération devient-elle lente et pénible, incertaine de réussite, effrayante de résultat, que font les Juifs? « Nous liquidons, nous déposons notre bilan. Et vous le sentez bien : les Français qui se traînent à notre suite, ceux même qui ont tenté de se mettre à l'abri, ceux encore qui ne se doutaient pas du péril, de proche en proche, seront plus ou moins atteints. »

Le ministre cède et n'a pas tort. « Allez, mes pauvres amis, répond-il en soupirant; vous avez agi en conscience, et moi aussi, je vous jure. Le sort est conjuré contre nous : allez, nous nous reverrons en des temps meilleurs. »

Les chambres aviseront là-dessus.

Les chambres méditeront ces paroles qui portent la condamnation du système, en ce qu'il n'est pas adapté à un pays agricole, en ce qu'il est repoussé par les circonstances présentes : car ces paroles rendent l'image parfaite de l'état de la France.

« Les efforts de la propriété foncière sont restés sans résultat et sans récompense : *cette base de notre édifice social* fléchit, et voit, chaque année, s'augmenter *son effrayante dépréciation.* » (Discours du Ministre de l'Intérieur à la diète de Pologne, *Moniteur* du 20 juin 1825.)

Les progrès de l'industrie passent toute idée : une nouvelle branche commence à être exploitée. Sans doute les matières premières, proprement dites, les matières substantielles avaient été épuisées : il s'agit de mettre en œuvre un élément de sorte idéale, de fabriquer du crédit. L'affaire est belle. Pour trouver la pierre philosophale, encore fallait-il employer quelque métal et des combustibles : ici, il n'est besoin que d'un chiffon. Soufflez dessus; c'est de l'or.

Les gens ont leur thême, qui est tourné et retourné depuis dix-huit mois, en mille et mille façons.

« Les fonds surabondent; la baisse de l'intérêt est notoire : voyez la rente à 115 et 120, si le projet n'avait été publié; voyez les bons du trésor à 3 pour 100; voyez ces bâtisses, ces entreprises qui ne finissent pas. Nul ne sait que faire de son argent. »

« L'Etat est le plus grand emprunteur : il est le maître du marché. L'intérêt usuraire qu'il paie, entrave le mouvement de baisse; en le réduisant à 4 pour 100, ce taux deviendra général. »

« Quand les capitaux s'offrent à vil prix, serait-il juste que les rentiers reçussent un intérêt aussi haut? Quand les terres ne donnent que 2 1/2, serait-il supportable que les fonds publics donnassent 5 pour 100? »

Or, tout cela est faux, radicalement faux, ridiculement faux. En fait de fagots, Sganarelle était plus habile.

Dans le premier Aperçu, il a été démontré que le crédit d'un pays agricole est resserré sous des limites étroites, et que la richesse publique, en France, était plutôt en état de dépression, que de progression.

De plus, il y a été exposé que toutes les entreprises tendent à dissoudre les capitaux en parcelles, ou à les expulser du marché pour un temps. Si elles échouent, il en résulte une perte effective de fonds : si elles réussissent, il se forme une nouvelle espèce de valeurs, qui ne produisent des capitaux circulans qu'après qu'elles se sont consolidées dans l'opinion, qu'autant que leurs possesseurs se prêtent à user du crédit en les engageant.

En second lieu, l'Etat est le plus grand emprunteur; mais seulement quand il emprunte, et non quand il se borne à échanger des titres. D'ailleurs, quand il emprunte, c'est le marché qui est le maître, comme on l'a vu plus d'une fois.

L'intérêt de la dette publique ne commande point celui des transactions civiles : en Angleterre, les trois étaient à 90, tandis que la Banque escomptait encore à 5 pour 100 ; en France, l'intérêt hypothécaire n'était qu'à 6 pour 100, lorsque les cinq languissaient à 60. (Voyez la seconde note).

La baisse de l'intérêt ne porte point un avantage intrinsèque. S'opère-t-elle soudainement, il s'ensuit des pertes, des désastres qui réagissent sur la richesse publique, parmi les personnes antérieurement engagées dans les affaires : ne dure-t-elle que passagèrement, il s'ensuit des malheurs analogues parmi les personnes engagées subséquemment dans les affaires.

Quand même la baisse de l'intérêt serait lente et permanente, d'une part, elle réduit les profits du loyer des capitaux, lequel profit devait fournir des épargnes et former de nouveaux capitaux ; de l'autre, elle entraîne l'industrie à des opérations inaccoutumées, exagérées, dont le non-succès consume une portion de la richesse nationale.

En thèse générale, on peut dire qu'à l'égard des transactions de l'intérieur, et dans un pays, dans des temps où les emplois sont saturés de fonds, et les produits avilis de prix, le taux inférieur de l'intérêt cause plus de mal que de bien.

Les gens à système n'en ont envisagé les effets que sous le rapport du commerce d'exportation, qui en profite pour soutenir la concurrence de l'étranger; oubliant tout-à-fait que le commerce intérieur est en Angleterre, dans le rapport de 10 à 1, avec le commerce intérieur; en France, dans le rapport de 100 à 1. Lequel faut-il sacrifier?

Les gens ne se sont pas même doutés que, chez nos voisins, le taux de l'intérêt n'exerce qu'une influence presque imperceptible sur le prix vénal des produits industriels, en comparaison de l'influence illimitée qu'exercent l'esprit d'association, le caractère de constance et de prudence qui les distinguent.

En troisième lieu, rien n'est plus révoltant que le parallèle entre les rentiers, et les capitalistes ou les propriétaires.

Les terres, dit-on, ne donnent que deux et demi : oui, pour ceux qui les achètent au denier exorbitant où leur prix est porté par l'effet des mesures bursales : non, pour ceux qui les possèdent d'ancienne date, et qui reçoivent de 6 à 4 pour 100 du capital déboursé. Or, les premiers ne font pas le centième des derniers.

Les rentes ne doivent donc pas, ajoute-t-on, donner 5 pour 100 : mais analysez, et comparez. Les terres investissent de l'existence morale et politique; les terres s'élèvent de valeur avec le temps, en capital et en revenu : les terres sont préservées et des inflexions du cours, et des réductions d'intérêt, et des perturbations d'esprit, dont, à cette heure même, vous affligez les rentiers.

Les capitaux s'offrent à vil prix; l'intérêt des fonds publics doit être diminué en proportion, est-il dit et redit mille fois.

Il valait mieux dire avec le ministre, que l'impôt du cinquième serait aussi juste à mettre sur les rentes que sur les terres. Les capitaux sont libres; s'ils s'offrent aujourd'hui, ils se retirent demain. Au contraire, le fonds des rentes est engagé à jamais : il a subi des pertes, il encourt des chances : son intérêt est réglé comme à forfait, au moyen terme, où se balancent les risques et les profits.

Il existe un contrat. Avez-vous le droit de l'interpréter, de le violer, tantôt réduisant l'intérêt, parce que la nécessité l'exige; tantôt convertissant la rente à un taux plus bas, parce que l'avidité y induit.

Vous dites que le numéraire se déprécie : et vous dites vrai, au moins pour l'avenir. Mais il serait d'autant plus déloyal de rembourser en valeurs avilies, des valeurs reçues à un titre élevé ; mais il serait d'autant plus équitable de compenser, par un accroissement nominal du revenu, la perte réelle qui est supportée dans son échange contre les besoins de la vie.

Res perit domino. Or, c'est l'Etat qui est le seigneur, le maître, quant au capital, puisqu'il est aliéné irrévocablement; c'est dans ses mains que le capital périt ou dépérit. Les rentiers ne s'étaient réservés que la jouissance du revenu, lequel a été fixé en numéraire à une somme équivalente à telle et telle quantité de denrées : si cette somme n'en paie plus la même quantité, le propriétaire du capital devrait plutôt l'élever jusqu'au rapport qui existait lors du contrat.

Après que le capital, dont l'Etat est propriétaire incommutable, a grandement fructifié à son profit, faudrait-il que le revenu dont les rentiers ont gardé la jouissance plus ou moins temporaire, se déprimât, se desséchât à leur détriment? Et n'est-ce pas déjà une chance assez lucrative pour le fisc, que le temps doive alléger, de jour en jour, la charge effective des intérêts de sa dette, sans qu'il se laisse aller à la tentation d'en forcer la réduction nominale?

Vis-à-vis de l'Etat, ainsi qu'entre les particuliers, ce sont les créanciers que la loi aurait à protéger, à défendre contre la dépréciation inévitable du signe d'échange, ainsi qu'il a été question de le faire en Angleterre, en établissant un étalon (standard), un type fixe et invariable, pour servir de base aux actes.

Mais la loi ancienne ne savait pas que l'argent est une marchandise, une propriété, dont les contrats sont aussi sacrés que tous autres; et la loi actuelle ignore que le constitut est de son essence, une transaction finale, par laquelle le prêteur aliène un capital numéraire, sans être autorisé à le réclamer au cas que sa valeur réelle s'élève, ni être forcé à le recevoir au cas qu'elle s'avilisse; par laquelle l'emprunteur s'engage à payer un intérêt numéraire, sans s'obliger à l'acquitter au pair de sa valeur primitive, comme aussi sans se réserver le pouvoir de le réduire, par la raison qu'il serait tombé au-dessous du pair.

Un mot conclut tout. Dans ces temps de longue durée, où l'intérêt commercial restait à 8, 10 et 12 pour 100, la pensée est-elle venue ou de rembourser les créanciers, ou de leur attribuer un plus fort intérêt? Non, sans doute : et comme c'est l'égalité qui constitue l'équité, lorsque cet intérêt baisserait à 4 et à 5, il n'y aurait pas plus de motifs, pas plus de droit, pour rembourser le capital ou réduire l'intérêt.

Mais le fanatisme du crédit n'entend rien, ne sent rien : justice, morale, politique, tout doit être immolé sur ses autels Les fonds abondent;

l'intérêt baisse ; la rente sera ou remboursée, ou réduite ou convertie.

Et cependant, s'il arrive ensuite, comme il arrivera sans doute, comme il est déjà arrivé, que les fonds se raréfient, que l'intérêt se relève, la loyauté nationale ne serait-elle pas tenue à payer le capital à l'ancien pair, ou à rétablir l'intérêt à l'ancien taux, au moins en faveur des rentiers séduits ou intimidés qui auraient accepté l'échange des trois pour 100 ?

Avec cette condition, voudrait-on avoir la loi ? Sans cette condition, pourrait-on avoir la loi ? Il y aurait insanité de la part du ministre, ou iniquité de la part des Chambres.

Ces considérations se rallient à une pensée émise dans la discussion, en 1824.

« Vous l'ignorez encore : dénué de force, incertain de durée, asservi aux besoins, que faut-il à l'homme ? et sur quoi agit la loi ?

Ce qu'il faut ! la vie, la subsistance, la jouissance, le revenu. Tel est le principe du premier droit qui soit dévolu à l'homme, du premier devoir qui soit imposé à la loi.

La loi traite des biens et des capitaux, en règle la transmission, en détermine l'usage.

Mais d'où vient qu'elle y porte tant de soins ? car enfin les biens meubles ou immeubles ne se prêtent point à la subsistance, ne tournent point en nourriture ? C'est parce que ces biens donnent naissance au revenu et fondent ainsi la jouissance, parce qu'ils remplissent l'office d'une matrice, où germent et se développent les produits annuels dont se compose le revenu, sur lesquels s'exerce la jouissance.

Et d'où vient que la loi s'occupe des biens, des capitaux, qui sont nuls en eux-mêmes, plutôt que de leurs produits, qui seuls portent le principe de vie? C'est à cause que les produits, étant destinés à périr par la consommation et à renaître par le travail, ne présentent point de corps fixe, point d'être durable et saisissable à la conception de la loi non plus qu'à son exécution.

Dans la réalité, il n'est que le revenu qui entre dans la mise sociale, qui pèse et compte dans les titres de l'individu; et les prescriptions infligées à la loi, les prévisions appliquées par la loi, ne peuvent et ne doivent exister qu'en vue de la jouissance. »

L'expression seule, ce mot de rente, tout-à-fait synonyme du mot de revenu, jetait la plus vive lumière et éclairait la question sous sa véritable face : elle disait éloquemment pourquoi le contrat avait été consenti, et comment il devait être exécuté. Pour le prêteur, le but évident était d'acquérir un revenu; pour l'emprunteur, l'engagement formel était d'en fournir la jouissance.

Le contrat synallagmatique tend à satisfaire deux besoins diametralement opposés; l'accord des volontés dérive du contraste des intentions. L'intention de l'une des parties manifeste l'intention de l'autre, prise en sens inverse; il suffit de discerner celle du possesseur de la chose, pour déterminer celle de l'acquéreur.

Tout contrat est un échange de certaines valeurs entre deux personnes, dans lequel chacune d'elles opère simultanément l'acte de vendre la valeur à elle appartenant, et l'acte d'acheter la valeur appartenant à l'autre.

En ce qui regarde les rentes sur l'état, le prêteur est le possesseur de la chose, du capital; et il opère l'acte de vendre un capital, l'acte d'acheter un revenu, tandis que l'état ou l'emprunteur, agissant vis-à-vis de lui, opère l'acte d'acheter un capital et l'acte de vendre un revenu. Telle est l'essence de leur transaction.

L'aliénation des biens immeubles, c'est-à-dire leur échange contre des écus, ne présente point un autre caractère. Le propriétaire vend un fonds de terre, le prêteur vend un fonds d'écus. Ils ont le même droit à disposer de leur chose, bien que leur chose ne soit pas la même.

La différence entre les deux contrats n'existe réellement que dans la valeur prise en échange ou achetée par l'un et par l'autre. Pour le propriétaire, cette valeur est un capital; pour le prêteur, elle est un revenu.

Et les deux contrats s'assimilent absolument, lorsque le propriétaire, au lieu d'aliéner purement et simplement, se borne à arrenter, à alféager, à céder le bien en échange d'une rente foncière perpétuelle; car, par ce mode, ainsi que le prêteur, il effectue à la fois la vente d'un fonds et l'achat d'un revenu.

Or il n'est pas venu à la connaissance qu'en aucun pays, que sous aucune loi, l'afféagiste ou le tenancier à titre perpétuel ait été autorisé à faire abandon, à déguerpir du bien, à le restituer en nature et se décharger de la rente, quand même ledit bien se serait déprécié, soit par le laps du temps, soit par l'effet des accidens.

Une similitude presque aussi frappante se rencontre entre la rente viagère et la rente perpétuelle. Dans celle-ci, le capital est également aliéné sans terme, sans retour, est vraiment placé à titre de fonds perdu ; et la force des choses ainsi que l'expérience fournissent autant de présages que de preuves à l'appui de cette vérité.

Avec quelques recherches, il y aurait moyen de démontrer que, par l'événement, la rente perpétuelle n'a jamais porté autant de profit que la rente viagère dont l'excédant aurait été épargné, et n'a jamais conservé son intégrité, seulement jusqu'au terme du bail amphytéotique.

Cependant c'est le capital de cette rente, aliéné sans retour, placé à fonds perdu, éteint de plein droit, qu'on prétend ressusciter et faire revivre ; chose dont l'idée ne serait pas venue en faveur des créanciers, dont le projet n'est conçu qu'afin d'investir le débiteur du droit de le rembourser en un signe avili.

A cet égard, il y a une convention en Angleterre; mais en France, c'est bien une invention. Et l'Etat aurait craint de la mettre en avant, lorsque, se refusant à fournir les intérêts, soit en totalité pour le moment, soit en partie pour toujours, il se mettait sous le coup de la loi, qui prescrit, en ce cas, la restitution des fonds.

Dans ce système, la rente sur l'état n'est plus un revenu, n'est plus une rente : son nom, son titre, est un simple signe qui exprime un capital. Cinq francs à recevoir par an signifient cent francs à recevoir en une fois, et le devoir de payer une annuité emporte le droit d'en payer le fonds au denier vingt.

Au lieu d'interpréter le sens des contrats par le texte et l'esprit, par l'intention et l'usage, par la jurisprudence pratique, il y sera procédé désormais d'après la méthode des sous-entendus, et surtout en l'absence de la partie adverse.

Mais encore, cette fragile et passagère espèce humaine, au-dessus de la justice absolue qu'il lui est rarement donné de comprendre et plus rarement de satisfaire, devrait reconnaître la prééminence de la justice relative, dont les vœux se manifestent à ses sens, dont les lois s'accommodent à sa faiblesse.

Et sous le rapport de la justice relative, tandis que tout est prospère en France, et que chaque existence est garantie, chaque fortune améliorée, faudrait-il que, pour les rentiers seuls, le sort contraire troublât le repos d'une innocente vie, et réduisît les sources d'un modique revenu.

Ils ne s'en doutent pas, ni ceux qui se confinent au monde matériel, ni ceux qui planent aux régions idéales, les uns et les autres presque également disposés à ne voir, dans l'association des êtres sensibles, qu'une aggrégation d'élémens impassibles; ils ne se doutent pas que les projets sont surtout répréhensibles sous le point de vue du fait moral, dans le sens des conséquences qui en résultent, quant à la personne, quant à la famille, quant à la monarchie.

Mettez l'homme en mouvement, il se trouble et s'égare; mettez-le au jeu, il se pervertit. Doit-il s'enrichir, sa place est marquée dans cette foule de parvenus, incurable plaie de la restauration : doit-il se ruiner, vous direz où sera son gîte; à l'hôpital ou aux galères, dans les tripots ou dans la police.

Tous ne joueront pas, mais tous seront gênés : de là, ceux-ci spéculeront, recherchant un intérêt élevé et compromettant le capital; ceux-là prélèveront une portion sur leurs fonds pour la placer en rentes viagères.

Vous leur défendez d'être pères : car c'est un délit autant qu'un désastre, alors qu'il n'y a plus d'esprit de famille.

Vous leur défendez de croire en Dieu : car c'est un contraste, une contradiction, alors qu'il n'y a plus de mœurs.

Vous leur défendez d'aimer et servir leur Roi : car pourrait-il, voudrait-il régner, alors qu'il n'y aurait plus d'affections, d'habitudes morales?

Sans doute, il ne s'agit ici que de deux cents mille rentiers ; mais c'était encore la classe la moins corrompue ; et la classe des indemnisés, la classe des agens de l'Etat, sont à peu près traitées de même ; et d'autres mesures d'un effet analogue viendront à la suite !

A quels titres, le siècle doué de tant de puissance, rencontrant si peu de résistance, a-t-il pu mériter d'être ainsi appuyé et soutenu dans ses succès peut-être inévitables?

Les développemens seraient trop longs ; le résumé parle aussi bien. Les rentiers perpétuels devenus viagers, la famille rendue viagère, la monarchie constituée viagère ; et les mœurs, la religion, réduites au-dessous d'une existence déjà si bornée !

Dans cette discussion, combien de choses restent encore inaperçues? et comme il avait raison, l'illustre écrivain qui s'est exprimé en ces termes :

« Voilà, mon noble ami, des faits qui peuvent conduire à de graves réflexions ; maintenant il faut convenir avec candeur qu'ils n'étaient pas généralement connus l'année dernière. Au milieu d'une discussion animée, on n'avait pas eu le temps d'approfondir la matière ; les esprits les plus sains, les hommes de la meilleure foi du monde purent hésiter, ou même avoir une opinion différente de celle qu'ils manifesteraient aujourd'hui. Lorsque le péril a été passé et qu'on a regardé en arrière, l'étude et la réflexion ont fait voir des choses dont on ne s'était pas même douté. Puisse l'expérience nous corriger à jamais de ces improvisations de lois, qui peuvent avoir les conséquences les plus funestes ! Ce n'est point à la tribune qu'on tranche ces importantes questions de droit qui embarrassent les jurisconsultes les plus habiles. » (Seconde Lettre à un Pair de France, page 72.)

Le premier projet de loi était conçu en ces termes : « Le ministre est autorisé à substituer des trois pour cent aux cinq pour cent, soit qu'il opère par échange des cinq contre des trois, soit qu'il rembourse les cinq en négociant des trois. »

Substituer est la fin ; échanger ou rembourser sont les moyens. Le pouvoir d'échanger est requis, bien que cela fût superflu : le droit de rembourser est reconnu, sans qu'il ait été discuté.

Il eût été plus didactique de rédiger le projet comme il suit :

Art. 1er. Les rentes cinq pour cent sont *remboursables* au pair nominal de 100.

2°. Il est créé un nouveau fonds en trois pour cent, négociable à 75.

3°. Les porteurs des cinq qui n'accepteront pas l'échange à ce taux seront remboursés.

4°. L'emprunt nécessaire ne pourra être contracté au-dessous de 75.

5°. Le Trésor entrera en jouissance des bénéfices avant le 1er janvier 1826.

En cette manière, la question légale du remboursement était posée, débattue, approfondie; elle absorbait toute l'attention, concentrait toutes les méditations; et la loi se voyait rejetée ou adoptée, d'après sa solution négative ou affirmative; au lieu que, par la méthode du ministre, sa solution est préjugée, est sous-entendue dans le projet même.

Un tel procédé ne manquait pas d'habileté. Les esprits nonchalans ou légers se complaisent à trouver la besogne toute faite; les adversaires même, quelque peu ébranlés par une assertion tranchante, dévient de la droite ligne, et laissent de côté le point capital. D'ailleurs, comme leur désir se borne à faire repousser la loi, ils s'attachent de préférence aux motifs les plus frappans, les plus propres à porter une vive impression.

C'est ainsi qu'en 1824, les orateurs ont à peine abordé la question du remboursement, ou plutôt ont passé par dessus. A Dieu ne plaise qu'on les blâme! Ils ont suivi la bonne voie; ils ont triomphé.

Mais il ne faut pas souffrir que les fauteurs du projet partent de ces réticences, pour soutenir que ce point est admis, est accordé. Nulle présomption ne s'élève en sa faveur, puisqu'il n'a pas été discuté ; et certaine prévention serait plutôt légitime, puisque la loi a été rejetée.

Tout moyen sied à ces gens-là. Leur art s'est réduit à présenter des inductions fausses, des suppositions gratuites, à s'appuyer sur des exemples nullement applicables; peut-être quelque honte ou quelque crainte donne maintenant de la répugnance à ressasser de tels argumens : il est des caractères, des talens qui se prêtent mieux à étouffer qu'à éclairer la discussion.

La question de la légalité reste intacte et vierge : elle reste à poser avec loyauté, à débattre avec sagacité, à résoudre avec équité. Il n'en fut jamais de plus haute importance, sous tous les rapports moraux. Mais ce n'est pas le lieu ni le moment de la traiter.

Cependant si le projet doit jamais reparaître, deux autres questions s'offriront d'abord : la question de compétence et la question de convenance : l'une qui doit nécessairement se décider la première, l'autre qu'il convient aussi de mettre en tête, puisque sa solution négative couperait court aux plus tristes débats.

Les Chambres sont-elles compétentes? Il ne paraît pas que personne ait élevé un doute à cet égard. Cela prouverait contre plutôt que pour : lisez l'histoire, connaissez l'homme. Les axiômes l'ont égaré plus souvent que les paradoxes : l'idée qui se crée intuitivement dans le cerveau, qui n'est en nul rapport avec les données réelles, tourne facilement en axiome; l'absurde, s'il n'est pas contrôlé, se revêt promptement des formes de l'évidence; et rien n'est plus difficile à réfuter que l'absurde.

Or, le gouvernement représentatif est tombé sur la France, comme un vaste réseau qui a tout englobé, qui enserre tout. Cette forme est décevante : ce sont les élus, les sages, d'autres nous-mêmes en miniature, qui, éclairés et impartiaux, prononcent sur nous et entre nous. L'opinion se laisse entraîner et ne saisit plus les limites morales de l'omnipotence parlementaire.

C'est ainsi que la compétence des Chambres a été reconnue d'emblée, a été prononcée sans arrêt.

Et cependant il y a un contrat; il y a des créanciers et un débiteur, non pas des sujets et un gouvernement. Le régnicole, en tant que porteur d'effets sur l'Etat, doit être tenu pour étranger, pour cosmopolite; sa personne doit se scinder en deux êtres tout-à-fait disparates, l'être sujet qui obéit à la loi générale, et l'être créancier qui défend son titre particulier.

Or, les Chambres n'ont de droit ni de pouvoir que comme agissant au nom de l'Etat. Dans l'acte synallagmatique, elles représentent l'emprunteur;

dans le procès avec le prêteur, elles sont parties : seront-elles juges aussi?

Toute la question est là, ou plutôt il n'y a point de question, par devant l'équité.

L'cxemple de l'Angleterre est mis en avant, bien qu'il n'y soit pas applicable : car en ce pays où les clauses sont formelles, la question légale n'a pu s'élever.

L'exemple de la France serait rétorqué avec plus de justesse. Naguère il s'est tramé un marché onéreux, frauduleux : les Chambres ont-elles eu la pensée de l'examiner, de l'annuler? Non : la signature de l'intendant commis à l'effet de traiter était sacrée.

Il s'est tramé un énorme emprunt, à un prix convenu sous le manteau de la cheminée, dans des temps qui en apparence justifiaient son taux, avec la certitude acquise d'un projet combiné pour forcer le cours : les bénéfices se sont réalisés à 15 et 18 pour 100. Les Chambres ont-elles été tentées d'intervenir, de prêter force à justice? Non : la foi du contrat, le maintien du crédit retenaient.

Mais serait-ce donc que la foi due aux anciens contrats fût surannée et parût abusive?

A l'égard des emprunts passés depuis 1815, leurs coupons, transférés de mains en mains, et acquis à des prix divers, sont plus inviolables, sans doute que ne l'était la masse de l'emprunt de 1823, encore gisante aux caisses du banquier.

A l'égard des emprunts faits avant 1789, leurs titres ne sont point soumis au Code Civil, car il prohibe tout effet rétroactif: et même, pour rentrer dans ses termes, il faudrait restituer le capital primitif; car sans parler des valeurs remises en échange, le remboursement partiel opéré sous le Directoire, n'était autorisé par aucune loi d'aucun pays.

Décidez maintenant de la compétence, et passons à la question de convenance.

Il est difficile d'imprimer une allure au crédit, plus difficile encore de l'y soumettre par force. Et c'est le crédit de 1830, de 1840, qu'il vous plaît de façonner. Songez donc qu'il n'est pas encore né; songez qu'en cette famille, les enfans ne sont point liés par les engagemens des pères.

On doit seulement rechercher comment le crédit jugera de l'état des choses en 1830 ou 1840. Tout aura changé de face: maintenant, l'espoir de la hausse aveugle quelques personnes, et l'isolement des rentiers laisse leurs plaintes sans consistance. Mais qu'on se transporte au moment d'un emprunt inévitable: les circonstances sont critiques; les esprits s'inquiètent, ou du moins s'agitent; le numéraire est rare et resserré. C'est alors que la mémoire rumine les faits passés.

Chacun le sait : un pas en entraîne un autre; une mesure fût-elle juste, aplanit la route à des mesures iniques. Et l'art de la parole est porté bien loin : souvent le sophisme la souffle mieux que la raison; il sera bientôt impossible à la conscience de reconnaître le vrai du faux, le juste de l'injuste. Tout est à craindre.

« Le remboursement n'était-il pas illégal, n'était-il pas illusoire? Combien d'honnêtes et habiles gens l'ont soutenu avec énergie! Si l'autorité a triomphé, ne doit-elle pas triompher toujours, étant armée de tous les moyens de violence et de séduction? ses succès constatent le fait, et ne consacrent pas le droit. »

« Et qu'est-ce au fond que tous ces actes opérés sous *Desmarets et Terrai*, sous le directoire et sous la monarchie, tour à tour intitulés des noms de réduction, de remboursement, de conversion? L'intention est toujours la même; le résultat toujours le même : il y a tant en moins payé par l'Etat, tant en moins reçu par les rentiers.

« Serait-ce que les uns et les autres ne diffèrent que dans le mode, que pour la forme? En 1713, les paroles étaient douces et touchantes, plus qu'en 1824 (1) : le directoire aurait eu honte de

---

(1) *Paroles de Justice et de Raison*, page 14.

ne pas simuler un remboursement, tandis que le ministre du Roi ne s'est pas abaissé à cet égard, jusqu'à l'artifice.

« En effet, il a déclaré le 31 mai 1824, que s'il était impossible à l'Etat de payer ses créanciers, il serait aussi impossible à ceux-ci d'utiliser leurs fonds ailleurs : et partant de ce principe, il a insisté sur le remboursement intégral de la dette, dans la crainte sans doute que les deux impossibilités, étant disposées à faire divorce avec le temps, l'Etat ne restât sous le faix de celle qui lui est inhérente.

« La peur fut chargée de porter les coups : c'est un moyen de contrainte, tout aussi bien que la violence. Il y a eu contrainte; il n'existait nulle réalité dans les offres, nulle liberté dans l'option : c'était une conversion forcée, une réduction.

« Tous ces noms ne font qu'un; tous ces mots ont le même sens : réduction, remboursement, conversion, sont synonymes. »

Telle est la vérité ; telle sera l'opinion, en ces temps où les besoins pèseront, où le crédit sera invoqué. C'est déjà sa constante habitude, de promettre beaucoup, et de tenir peu; d'agacer ceux qui craignent ses embûches, de repousser ceux qui se prosternent à ses pieds : grâces aux mesures projetées, ce ne sera plus par coquetterie qu'il s'esquivera aux poursuites, mais par épouvante.

Ses capitaux sont libres et rares : la liberté attend des sécurités; la rareté exige les premières sécurités : et il ne suffit pas qu'elles soient promises au moment, il faut qu'elles soient éprouvées par un long usage; il faut que le passé réponde de l'avenir.

Or, la France est une et indivisible, dans le temps, aussi bien que par le sol. Le crédit saisira d'un coup d'œil les erremens qui ont été suivis, les événemens qui sont survenus : il envisagera les crises politiques, les crises financières, toutes diverses qu'elles aient pu être, comme une série de phases provenant de la nature des choses, et prêtes à se renouveler à certains périodes.

Les réductions de Desmarets et Terrai, le remboursement du directoire, se représentent d'abord au crédit alarmé. Et quand une ère nouvelle allait lui porter quelque calme, le ministre en renie l'influence, en récuse les faveurs : le ministre rembourse ou réduit aussi : si les formes varient, il y a parité dans les fins. L'opération semblera au crédit, venir à la suite des autres, dériver d'un principe constant, et prolonger, perpétuer l'ancien système des finances de France.

Il y aurait à s'effrayer sur les conséquences

éloignées, autant qu'à s'affliger des résultats actuels, si ce n'était chose impossible à croire que le ministre osât reproduire et parvînt à faire agréer un projet qui fut réprouvé par la conscience législative et par l'opinion publique; un projet dont le caractère a été justement apprécié en ces termes :

« Le crédit de l'Etat ne pouvait s'élever graduellement, et se fixer solidement, que par le classement des rentes, par leur admission au titre d'immeubles, au moyen de quoi, la portion mobile et vénale s'atténue : et le ministre travaille à forcer la transmutation des rentes *qui soutenaient le crédit par la stabilité de leurs placemens*, en rentes, *qui changent à peu près chaque mois de possesseurs.*

« La baisse de l'intérêt ne devait provenir que de la répercussion des capitaux affluant à la Bourse, et de leur dissémination entre les emplois de l'industrie rurale et commerciale; et le ministre ouvre, aux joutes de l'agiotage, une lice dont les limites sont en baisse à 55, en hausse à 85, comme pour absorber tous les esprits, pour aspirer tous les fonds devers le gouffre de Paris.

« Enfin, la richesse nationale, qui émane uniquement de l'exercice du travail et de l'action des capitaux, ne saurait profiter de l'existence d'une dette publique, qu'autant que celle-ci offre un placement fixe, ou un emploi temporaire aux fonds qui, autrement, seraient exposés à des pertes, ou resteraient oisifs en caisse : et le ministre suscite, fomente, aggrave les perturbations de son cours, dont l'effet certain est de compromettre les uns, de repousser les autres. »

(3e *Aperçu*, pag. 10 et 11).

NOTES.

NOTE PREMIÈRE (page 56).

Les vains mots et les paroles dorées ne sauraient intervertir l'ordre éternel des choses. Il y a moyen sans doute d'exciter et d'ameuter une sorte d'engouement dans les esprits, à l'aide d'insidieuses manœuvres; mais cette foi factice et hâtive revient bientôt de son délire, et se change en une défiance invétérée.

Qu'importe la foi d'ailleurs? C'est un être idéal, et ce monde n'est que trop matériel. La foi ne défère pas le crédit efficace, attendu qu'elle ne crée pas des écus : il n'y a que les écus qui pèsent dans la balance des échanges; les écus ou les valeurs identiques sont seuls en droit de constituer le crédit. Voilà le suprême axiome en fait de finances.

Sitôt que les fonds manquent, le crédit manque de même : en vain il est fait grand état de la volonté et de la puissance; une loi tout-à-fait étrangère le domine et l'entraîne à son insu. L'offre et la commande des fonds luttent ensemble sur le marché; les capitaux libres y apparaissent face à face des sécurités possibles : c'est en raison de leurs masses respectives que la transaction s'engage.

De part et d'autre, le besoin de traiter est égal; les fins mutuelles doivent s'accomplir, et le débat n'est ouvert que sur les conditions : d'autant qu'il y a plus d'affluence dans les fonds à livrer, d'autant il y a moins d'exigence sur les garanties à fournir.

Ainsi, suivant la misère des siècles et des pays, les prêts sont d'abord contractés sur gages, puis avec hypothèques, et enfin par simples billets; ainsi, sous les systèmes de la régence et des assignats, le crédit se jetait à tout venant, tandis qu'à leur déclin, personne n'y gardait plus de titres.

Or, il est deux causes qui tendent à faire pencher la balance dans le sens favorable au crédit, et toutes les deux dépendent de l'état de la richesse nationale. Tantôt l'accumulation de ses épargnes augmente de plus en plus la somme intrinsèque des capitaux affluant au marché, tantôt la saturation de ses emplois réduit la commande relative, et laisse ainsi un résidu disponible.

Si l'Angleterre a rempli jusqu'à présent des emprunts énormes en chiffres, c'est que les fonds s'y accroissent aussi vite que les emplois; si la Hollande contracte depuis long-temps des prêts à l'étranger, c'est que les emplois s'y resserrent plus tôt que les fonds.

L'état de la France est tout-à-fait inverse : le sol de la production est altéré et desséché. Ce serait un désastre affreux, si ce n'était plutôt une chance impossible, que les artifices du fisc parvinssent à pomper les sources éparses qui doivent le fertiliser.

On peut appuyer d'un exemple frappant cette opinion sur le crédit. Jamais sans doute la confiance ne s'éleva à un degré aussi éminent qu'en Angleterre ; jamais, depuis quarante ans, un gouvernement n'avait fait preuve d'autant de fidélité.

Au contraire, de 1713 à 1757, le ministère s'y laisse entraîner à divertir et bientôt à abolir un fonds d'amortissement existant depuis douze ans ; et de plus, il opére à trois fois différentes une réduction de 6 à 5 pour o/o sur les intérêts de la dette, soit en opposant les compagnies entre elles, et les menaçant du retrait de leurs chartes, soit en effrayant les créanciers particuliers par la crainte d'un remboursement impraticable. Quoi qu'en disent les échos vulgaires, la foi publique fut violée, sinon à force ouverte, du moins par des ruses aussi coupables (1).

Cependant le terme moyen des trois pour cent se soutint à 90 francs de 1730 à 1778, et, à partir de cette date, il se trouve à peine de 64 francs.

Le crédit y apparaît en raison inverse de la fidélité, parce qu'une puissance prépondérante s'est jetée à la traverse. Les emplois s'y sont accrus depuis ces temps dans une proportion incommensurable, et l'accumulation des épargnes n'ayant pu suivre une marche aussi précipitée, il arrive que la balance n'est plus la même sur le marché.

La paix n'y fait rien : semblable à la foi, elle n'enfante que des désirs stériles. Le temps seul est capable de rétablir le niveau, en jetant de nouvelles épargnes ou en détruisant d'anciens emplois.

(*De la Tactique financière*, 1816.)

---

(1) *The History of the public Revenue*, vol. 1er, chap. 5.

NOTE SECONDE (page 65).

Mais l'homme, aussi vain que débile, prétend toujours intervenir là où sa puissance n'est que néant, là où l'empire est dévolu à la force des choses : son imagination s'épuise à courir après une ombre vaine, et fuit devant la fortune qui marchait à sa rencontre. Le crédit fascine les esprits à cette heure : dans leur idée, le germe en réside au cours de la Bourse, et la hausse des rentes développe son principe au lieu de manifester son effet.

C'est au Palais-Royal que doit se fonder le point d'appui central, que doit manœuvrer un lévier irrésistible, afin de soulever le poids du capital national, le poids de 50 milliards. Sitôt que la rente arrivera au cours de 80 francs, le denier des ventes et le taux des prêts ou des profits seront tenus de se niveler en même rapport. Et tous les argumens entassés contre les impôts les plus désastreux sont ainsi foudroyés.

Ce système ne pèche que par un point. Sans doute, l'idéal domine souvent aux variations de la Bourse, et la fougue est facile à électriser parmi la tourbe badaude. Mais les barrières élèvent un mur de fer, l'effectif compte seul dans les provinces; au libre marché des échanges, le numéraire s'offre d'une part, et de l'autre les titres de toutes sortes : le denier ou le taux se règle d'après leurs proportions mutuelles. Et on ne sache pas que le cours inscrit au bulletin de la Bourse s'exerce aucunement à l'effet d'alléger la masse de ceux-ci ou d'accroître la somme de celui-là.

La hausse des rentes menacerait plutôt d'aggraver les

conditions des actes privés, et d'occasioner des pertes au compte de la richesse nationale. Le crédit fondé n'est pas productif; il ne crée ni matières, ni valeurs. Or, la quotité du fonds social est fixe à telle ou telle époque, et maintenant la culture et l'industrie lui imposent des emplois sacrés. S'il arrivait que l'appât des effets royaux entraînât l'affluence des espèces, elles seraient enlevées, au moins pour un temps, à leur destination naturelle. La place de l'agiotage empiéterait alors sur le marché général de la production; son influence serait d'autant plus funeste, qu'un cours élevé exigerait plus de capitaux et causerait plus de transactions.

Quand il s'agit d'ériger avant terme le crédit du grand-livre, il n'y a de chances qu'entre les désastres et les illusions : s'il cesse d'être un fantôme, il devient un vampire. Au lieu de tendre à grands frais et à pure perte vers l'œuvre précoce d'amortir une part de la dette nationale, ce serait la place dévorante où se trament ses mutations qu'il faudrait condamner et isoler du marché créateur.

On arrive ainsi à une maxime capitale. Le déversoir de la dette publique ne devrait s'ouvrir qu'au trop-plein de la circulation sociale. En justice comme en raison, le crédit fondé n'est autorisé à opérer ses prélèvemens que sur l'excédant effectif et stérile des revenus, sur le résidu net et sec des profits; sur le *caput mortuum* des capitaux que rejettent la culture et l'industrie.

(*De la Tactique financière*, 1816.)

PARIS, DE L'IMPRIMERIE D'A. ÉGRON.

www.ingramcontent.com/pod-product-compliance
Ingram Content Group UK Ltd.
Pitfield, Milton Keynes, MK11 3LW, UK
UKHW020338180726
13839UKWH00002B/790